CHERBOURG

ET

L'ANGLETERRE

PARIS

IMPRIMERIE DE L. TINTERLIN ET Ce,

RUE NEUVE-DES-BONS-ENFANTS, 3.

CHERBOURG

ET

L'ANGLETERRE

PARIS

E. DENTU, LIBRAIRE-ÉDITEUR

GALERIE D'ORLÉANS, 13, PALAIS-ROYAL

—

1858

Tous droits réservés.

CHERBOURG

ET

L'ANGLETERRE

A l'automne de 1850, l'escadre recevait à Cherbourg la visite du Président de la République.

Le 7 septembre, le Président se rendit, à neuf heures du matin, au grand port; il parcourut l'avant-port et le bassin à flot, sur la tranchée qui sépare les anciens bassins de celui qui était en construction. Ce nouveau bassin, qui attira particulièrement son attention, est réservé aux vaisseaux à trois ponts, qui pourront y entrer même pendant les plus basses marées. Louis-Napoléon considéra longtemps ces grands travaux. Pendant cette visite, les ouvriers du port, rangés sur deux lignes, criaient : *Vive Napoléon! vive le Président! Vive la République!*

Le Président visita ensuite la salle où l'on conserve les modèles des différents projets d'achèvement du port de Cherbourg, et où se trouvaient les pierres du tombeau de

Napoléon à Sainte-Hélène, rapportées en France par la *Belle-Poule*, en 1840. A cette vue, le Président ne put se défendre d'une vive émotion.

Après avoir visité les ateliers, il se rendit aux fortifications nord de l'Arsenal, dont il se fit expliquer le système; il entra ensuite au fort du Homet, du haut duquel il admira l'ampleur et les travaux de la rade. Puis il alla visiter chacun des vaisseaux de l'escadre.

Le lendemain 8, Louis-Napoléon se rendit au banquet qui lui avait été préparé sur le *Friedland*, et auquel assistèrent, mêlés aux commandants et officiers de l'escadre française, trois amiraux anglais : lord Cochrane, sir Charles Napier, sir Edmond Lyons, et plusieurs officiers supérieurs de la marine britannique.

Le vice-amiral Parseval-Deschênes porta le toast suivant :

« A la santé du Président de la République !

« Sa présence dans l'escadre est pour l'avenir le gage d'une protection efficace de la part du gouvernement.

« *Vive le Président !* »

Cette acclamation fut répétée trois fois par les convives, et le Président répondit :

« Je suis heureux de pouvoir porter un toast à la marine française, à bord du vaisseau-amiral qui a un si digne chef, à la marine française dont le dévouement à la patrie ne s'est jamais démenti, dans les bons comme dans les mauvais jours, dont le courage a été si héroïque que, lorsque la fortune s'est tournée contre elle, on a pu lui appliquer ces mots d'un poëte : « *Ses cyprès ont été aussi beaux que des lauriers.*

« *A la marine française !* «

On sait combien Louis-Napoléon Bonaparte a toujours aimé faire cadrer les actes importants de sa vie avec les dates des grandes journées de l'Empire. Le jour qu'il avait choisi pour sa visite à Cherbourg est l'anniversaire de la bataille de la Moskowa. Le génie de l'Empereur lui inspira-t-il en ce jour le moyen de venger la retraite de Russie ? Toujours est-il qu'il releva la marine, qu'il entraîna l'Angleterre, et que cinq ans après le banquet de Cherbourg, jour pour jour, Sébastopol était pris (8 septembre 1855).

Et maintenant la France et l'Angleterre se réunissent pour fêter l'inauguration du grand port de Cherbourg. Des deux côtés du détroit, une foule nombreuse y accourt comme à l'une des plus grandes solennités de ce temps. L'Empereur et la Reine la consacrent de leur présence. Est-ce le signe d'une nouvelle entente cordiale ou le signe du déclin d'une puissance qui se prête au triomphe de sa rivale ? doit-on y voir une menace de guerre ou au contraire une promesse de paix ? Les serments des princes, on le sait, sont fragiles. Combien a duré l'amitié éternelle que les deux grands empereurs se juraient sur le Niémen, comme à la limite de l'Occident et de l'Orient ? Ce ne fut qu'un éclair de paix entre deux guerres acharnées. C'est que tant que les principes diffèrent la volonté des hommes n'y peut rien : en dépit des gouvernements et des peuples,

la lutte recommence forcément. Il s'agissait alors de décider qui l'emporterait du tzarisme russe ou de la Révolution française. Depuis des siècles, la France et l'Angleterre
suivent aussi une politique opposée ; leur but est autre,
autre leur principe ; il s'agit aujourd'hui de savoir lequel des deux principes régira le monde : est-ce le principe que représente l'Angleterre ou le principe que représente la France? Les puissances ne se cèdent point la
suprématie sans coup férir. C'est pourquoi tous se demandent à cette heure : « Aura-t-on la guerre avec l'Angleterre et quand l'aura-t-on? » Tant en raison des intérêts
engagés que par préoccupation de la destinée des peuples,
nul n'envisage cette éventualité sans émotion, et l'on s'ef-
force de pénétrer l'avenir. Mais ce que chacun sent, c'est
que la France vient de faire un grand pas. La France est
depuis longtemps reconnue comme la première puissance
continentale : l'Angleterre constate en ce moment devant
tous que la France peut désormais légitimement prétendre
pour le moins au partage de la souveraineté des mers.

L'opinion publique en Angleterre est très-frappée : dans
les salons des hommes d'État, dans les meetings comme
dans les journaux, on ne s'occupe que de cela. Il n'est pas
sans intérêt pour le public français de connaître sur ce grave
sujet les diverses appréciations de la presse britannique.

En annonçant l'entrevue de l'Empereur et de la Reine,
le *Morning Post* s'est exprimé comme il suit :

« Nous félicitons sincèrement l'Angleterre et la France d'un événement qui, nous en sommes convaincus, produira le meilleur effet dans

toute l'Europe. Le souverain de la France, qui, du moment où il régna sur cette grande nation, lui rendit la prospérité au dedans et le respect au dehors, a constamment travaillé à maintenir, avec la Grande-Bretagne, ces bonnes relations d'où dépend la paix du monde. Quand des divergences de vues ou des conflits d'intérêts sur les questions extérieures se sont produits entre le cabinet de Saint-James et le cabinet des Tuileries , Napoléon III s'est toujours montré conciliant et amical et a écarté les difficultés que les hommes d'État hésitaient à régler.

« L'Europe a lieu de se féliciter de ce qu'un pareil esprit ait prévalu ; et l'on peut espérer de l'union de la politique de ces deux pays un progrès grand et réel. Si la France n'a pas toujours marché d'accord avec nous sur les questions de politique intérieure, elle ouvre de concert avec nous, en ce moment, les portes de la Chine au commerce. Ses finances sont associées aux nôtres dans des emprunts et des opérations de chemins de fer par le monde entier. Elle crée rapidement une Algérie commerciale, une colonie vers laquelle notre marine marchande ne tardera pas à se porter. Sous le règne du souverain actuel de la France, le marchand et le touriste anglais trouvent des chemins de fer et des télégraphes électriques qui leur permettent de communiquer avec les leurs d'Europe et d'Asie. L'histoire appréciera ces avantages matériels.....

« Mais, pour que la France et l'Europe recueillent les fruits de cet état de choses, il faut que le monde soit en paix, et cette paix est presque certaine aussi longtemps que le lion anglais et l'aigle française se montreront en bonne amitié. Ceux-là sont les ennemis de la civilisation qui voudraient agiter, avec l'éventail des factions, le foyer des susceptibilités nationales entre la France et l'Angleterre. Le peuple protestera des deux côtés de la Manche contre les politiques qui oublient, dans leur égoïsme, le bien-être de l'humanité. »

Tel est le sentiment de l'un des journaux les plus considérables de l'Angleterre, et qui est l'organe de la politique de lord Palmerston.

Le *Times*, écho ordinaire des passions, des colères et des rancunes de la cité de Londres, en a jugé autrement. Voici ses paroles :

« La France se réjouit, et elle a eu le tact consommé et délicat d'inviter l'Angleterre, sa voisine, son amie et sa bonne alliée, à venir se réjouir avec elle dans la personne de notre Reine. A propos de quo donc la France se réjouit-elle ? et quel est l'objet pour lequel on demande nos félicitations ? C'est l'achèvement d'un port, d'un arsenal et d'un chantier à Cherbourg, bâtis, armés et prêts pour la guerre, conçus par Vauban dans un esprit d'hostilité contre l'Angleterre, entrepris par Louis XVI dans le même esprit, continués par Napoléon Ier dans les mêmes vues, et enfin terminés par Napoléon III avec tous les sentiments d'amitié et de bon vouloir possibles pour le pays qu'il menace.

« Contre tout autre ennemi que la France pourrait avoir, Cherbourg est inutile ; c'est contre l'Angleterre seule qu'il a été construit, moins pour se défendre contre une agression que pour donner à la France le moyen de faire à l'Angleterre le suprême outrage. Il ne s'agit plus d'une attaque des côtes d'Irlande ou du pays de Galles ; mais tous les traits lancés de Cherbourg iront droit, traits mortels et décisifs, frapper au cœur du pays. Notre puissant allié n'aime pas les manœuvres inutiles. S'il nous frappe un jour, il veut si bien ménager son premier coup qu'il n'aura pas besoin d'en frapper un second. Certes, nous avons de grandes raisons de nous réjouir que des vues si directes, un but si précis soient unis à une amitié si sincère. Et ce serait vraiment nous montrer avares de notre sympathie que de refuser d'applaudir à une perspective aussi douce.

« Il sera bien agréable pour les Anglais conviés à la fête de voir l'achèvement d'une œuvre qui doit faciliter l'invasion de leur pays ; de voir ces vastes bassins destinés à contenir des navires qui porteront les forces d'invasion ; ces quais immenses où elles s'embarqueront, les arsenaux qui leur fourniront des munitions, et les fortifications qui les cacheront de toute observation et les protégeront. Pour que rien ne manque de ce qui peut faire comprendre la véritable portée de cette scène, il y aura la statue du premier Empereur... La fête sera complète... Et l'on ne peut qu'être touché de ce que l'Empereur Napoléon III, dont le tact en pareille matière est si délicat, ait invité la reine Victoria à ajouter, par sa présence, un nouveau charme et un prestige aux réjouissances de Cherbourg... »

Le *Press*, journal ministériel, répond en ces termes aux articles du *Times :*

« Ces articles sont appréciés à leur juste valeur par les hommes qui vivent dans le monde de la politique, et qui savent de quelle source ils émanent, quelles prédilections les inspirent, quelle politique ils prétendent servir. Ils savent que le *Times* représente, dans ces articles, non pas un parti anglais, mais un parti français, et qu'il s'occupe moins des intérêts de l'Empire britannique que des vues d'une dynastie tombée en France, dont il espère servir les intérêts en tenant la discussion entre l'Empire français et la Grande-Bretagne, et en affectant de prétendre qu'il n'y a ni progrès ni sécurité possibles pour le commerce, aussi longtemps que Napoléon III sera assis sur le trône occupé jadis par les Bourbons et les d'Orléans.

« L'homme politique sait tout cela; il sait ce que valent ces assertions et ces prétentions. Mais le public l'ignore; et là gît la perversité de ces articles que le vulgaire prend pour des explosions de patriotisme prévoyant et sage. C'est pour cela que nous croyons devoir mettre le public sur ses gardes, en l'invitant à juger par lui-même. Tout le monde sait bien qu'il n'y a nullement à craindre les bouleversements qu'on indique avec tant de soin. Les travaux de Cherbourg et de la côte de France ne sont que la conséquence de l'exécution des projets qui ont créé le splendide Paris d'aujourd'hui. L'Empereur veut que la France, qui a dû à son oncle d'être le plus vaste Empire du monde, lui doive, à lui, d'être le plus beau et le plus complet. Il désire trouver de l'occupation à l'esprit remuant des Français; il désire que le peuple associe son nom à tout ce qui est beau et grand, avec tout ce qui relève la France dans les arts de la paix; mais nous ne croyons pas qu'il y ait dans son cœur la moindre place pour une idée d'invasion de l'Angleterre. »

Malgré toutes les phrases officielles, une partie du public anglais persiste à se montrer peu rassurée. En tout pays, les affirmations ministérielles suffisent, en effet, rarement pour convaincre. Puis la passion s'en est mêlée: et des paroles violentes ont été prononcées dans les meetings. On se plaît à répéter comment le Président endormit l'Assemblée jusqu'au jour où il en empoigna les chefs et dispersa les membres, et l'on suppute toutes les chances qu'aurait un coup d'État maritime. Il y en a même qui vont jusqu'à raconter comment Mahomet II construisit sa

flotte à l'entrée du Bosphore, et comment les Grecs prou-
vaient qu'il n'y avait pas le moindre danger puisqu'un
traité de paix avait été signé pour dix ans ; beaucoup
même allaient au camp de Mahomet admirer ses préparatifs, car ils étaient grandioses et il les disait dirigés contre
la Karamanie : l'année suivante Constantinople fut pris
par les Turcs.

Nous n'avons pas à repousser de telles suppositions.
Mais, puisque le *Times* se laisse aller à toute la ferveur de
ses prédilections orléanistes, nous lui redirons un fait que
sans doute il ignore, mais dont la confirmation lui serait
assurément facile. En juin 1849, M. Ledru-Rollin, en en-
trant dans la Tamise, dit à ses compagnons d'exil : Et
quand je pense qu'il y a un an un général est venu au ministère nous proposer une descente en Angleterre ; of-
frant d'embarquer deux ou trois milles gaillards de son
choix, de pénétrer nuitamment et sous faux-drapeau dans
la Tamise, de brûler les docks, de lancer ses hommes dans
Londres et de jeter à bas la reine et les lords... Et ce général est celui que depuis on a vu, deux années durant, se
laisser caresser comme le Monk qui devait rétablir sur le
trône la royale famille d'Orléans.

Nous ne voulons pas dire que les orléanistes seraient
capables d'une invasion en Angleterre. Il est vrai que le
prince-amiral de Joinville écrivait en 1844 « qu'en cas de
guerre avec l'Angleterre, des bateaux à vapeur pourraient
sortir de nos ports à la faveur de la nuit, et braver les
croisières les plus nombreuses et les plus serrées, que

rien n'empêcherait cette force de se réunir avant le jour sur tel point convenu des côtes Britanniques, et que là elle agirait impunément : il n'a fallu que quelques heures à sir Sidney Smith pour nous faire à Toulon un mal irréparable. » Mais sous cet essai d'audace et ce dégagement de tout scrupule, chacun sentit la rhétorique. Les Anglais connaissaient trop les habitudes de poltronnerie politique de cette famille pour en jamais rien craindre.

On conçoit donc qu'il y ait des Anglais qui regrettent ce temps merveilleux où les désirs d'un ministre d'Angleterre étaient des ordres pour le cabinet des Tuileries ; et que souvent de l'autre côté du détroit on se sente mal à l'aise vis-à-vis de l'énergie connue de celui qui préside maintenant aux destinées de la France, et qui alors qu'il n'était que prétendant stigmatisait comme il suit les complaisances du gouvernement du 9 août :

« Si l'on passe en revue les actes du gouvernement depuis 1830, on verra que ces actes peuvent tous être compris sous ce titre : dilapidations des revenus publics et de l'honneur de la France... L'armée de paix coûte plus cher que celle qui vainquit à Austerlitz et à Wagram... Mais toutes les expéditions entreprises depuis quatorze ans n'ont été faites que pour tromper l'opinion publique et n'ont eu pour effet que de donner aux étrangers les preuves de plus en plus éclatantes de la soumission du gouvernement français à leurs exigences, de sa crainte devant leurs menaces.

« On se souvient qu'en 1832 le brave amiral Roussin

força l'entrée du Tage ; mais n'ayant point de troupes de débarquement, le résultat de l'expédition se borna à permettre au gouvernement de dire avec emphase : « Le drapeau tricolore flotte *sous* les murs de Lisbonne. » En 1837, l'opinion publique en France s'étant émue de voir la péninsule italienne entièrement livrée à l'influence de l'Autriche, le gouvernement arme une flotte qu'il envoie à Ancône. Nos soldats s'emparent en une heure de la ville. Mais à quoi pouvaient servir deux mille hommes renfermés dans une place démantelée, à trois cents lieues de la France, en présence d'une armée autrichienne de cent mille hommes ?... Le général Cubières ne tarda pas à se faire l'espion du gouvernement papal et lui livra les Italiens qui se confiaient dans le représentant de la France. Enfin les troupes furent rappelées... En 1838, les insolences du gouvernement mexicain forcent le ministère à envoyer une escadre en Amérique pour demander une réparation éclatante. On arrive devant Vera-Cruz, on bombarde le fort de Saint-Jean-d'Ulloa; mais, une fois la forteresse réduite, les Français ne peuvent pas profiter de leur victoire, car ils n'ont pas assez de troupes de débarquement. Aussi les Mexicains décrètent-ils l'expulsion de tous les Français et envoient-ils de nouvelles troupes à Vera-Cruz. Le prince de Joinville débarque avec ses soldats de marine et quelques canonniers... mais que peuvent quelques centaines d'hommes éparpillés dans une grande ville? Ils sont obligés de se rembarquer, serrés de près par les troupes mexicaines, et cette retraite permet à Santa-Anna de se déclarer pompeusement vainqueur des Français... Peu de temps après le Mexique persécutait de nouveau nos compatriotes et expulsait de ses marchés les produits français. Des difficultés graves surviennent à Montévidéo. Le gouvernement choisit l'amiral Baudin qui doit partir avec une escadre et trois mille hommes de débarquement : trois mille hommes, c'est peu, mais c'est quelque chose ; c'est encore trop aux yeux de l'Angleterre ; sur ses représentations on les retranche de l'expédition. L'amiral Baudin est remplacé par l'amiral Mackau, qui paraît plus accommodant, et les vaisseaux font voile vers les rives de la Plata, pour y donner le spectacle désastreux d'un représentant de la France foulant aux pieds tous les intérêts français, abandonnant aux fureurs d'un tyran quinze mille de ses compatriotes et recevant, à son retour, pour récompense de ses services le ministère de la marine. D'après ce qui précède, avons-nous besoin de prédire quels seront les résultats de l'expédition du Maroc ? Que fera le prince de Joinville avec les dix-huit cents hommes de débarquement qu'il a sur ses vaisseaux, lorsque le maréchal Bugeaud, qui en Algérie est à la tête de 80,000 hommes, n'a livré depuis quatre ans que des combats d'escarmouche ? Il a en effet si bien éparpillé toutes ses forces sur ce vaste territoire qu'il lui faut des mois entiers et des renforts venus de France pour réunir sept à huit mille hommes et les opposer soit à Abd-el-Kader, soit aux Marocains. Tandis que le général Bonaparte avec 30,000 hommes a défait trois armées autrichiennes et conquis l'Italie en une année ; puis aussi avec 30,000 homme défait l'armée des Turcs, l'armée des mamelouks, et conquis l'Égypte en quatorze mois...

« Comment se peut-il donc que nos ministres fassent un usage si peu judicieux du pouvoir qu'ils possèdent ?.. C'est qu'en 1830, le gouvernement français a sollicité avec empressement la reconnaissance et l'alliance de l'Angleterre, et l'Angleterre répondit : « Livrez-nous vos intérêts ; reconnaissez les traités de 1815 et la suprématie de notre marine ; engagez-vous à évacuer l'Algérie quand nous le demanderons, à nous sacrifier même quelques-unes de vos industries et à laisser notre influence s'établir dans l'Orient et dans la Méditerranée. » Ces promesses ayant été faites, l'Angleterre réclame, quand elle croit le moment favorable, l'exécution des engagements pris. Elle est dans son droit ; mais pourquoi le gouvernement français a-t-il, de son propre chef, engagé notre avenir et pour un intérêt dynastique abandonné les intérêts du pays ?.. »

Le prisonnier de Ham disait encore :

« Qu'on jette les yeux sur les documents officiels (recueillis par le capitaine de vaisseau Laignel), et on verra que l'Empereur, malgré les désastres d'Aboukir et de Trafalgar, malgré les guerres continentales, avait en dix ans reconstruit *cent trois vaisseaux* de ligne, tandis que, depuis 1814 jusqu'à 1842, la Restauration et le pouvoir qui suivit n'en ont construit entièrement que *quatre*. »

Et il ajoutait : « Nous ne parlerons pas de tout ce qu'a coûté le budget de la marine, puisque le gouvernement s'est fait accuser publiquement par un des siens, ce qui nous a singulièrement divertis. »

Il venait de paraître, en effet, le 15 mai 1844, une *Note sur l'état des forces navales de la France*, que la *Revue des Deux Mondes* disait « émaner d'une source élevée » et où on lisait les réflexions suivantes :

« Il est triste de le dire, mais on s'est endormi et l'on a endormi le pays avec des paroles flatteuses et des chiffres erronés ; on s'est persuadé et l'on a réussi à lui persuader qu'il possédait une marine à vapeur forte et respectable. Erreur déplorable, source d'une confiance plus déplorable encore !

« Disons-le tout haut, une victoire comme celle qui nous semblait promise en 1840 eût été pour la marine française le commencement d'une nouvelle ruine. Nous étions à bout de nos ressources : notre matériel n'était pas assez riche pour réparer du jour au lendemain le mal que nos vingt vaisseaux auraient souffert, et notre personnel eût offert le spectacle d'une impuissance plus désolante encore. Les cadres épuisés de l'inscription n'avaient plus de matelots à fournir. Et au premier bruit de guerre, la pépinière si appauvrie de notre marine marchande se fût réduite à rien.

« Notre marine à vapeur date de 1829 ; l'expédition d'Alger fut le théâtre de ses premiers essais... Mais, grâce aux préventions exclusivement régnantes en faveur de la marine à voiles, il est arrivé que de 1830 à 1840 les progrès de notre flotte à vapeur furent nuls. On s'est obstiné à la laisser végéter, et, aujourd'hui, elle ne suffit plus aux besoins de la paix, loin d'offrir les ressources qu'elle devrait fournir pour la guerre.

« Et l'on ne saurait accuser les Chambres de cette triste insuffisance. Chaque fois que des fonds ont été demandés pour doter la France d'une marine à vapeur, ils ont été votés avec un patriotique empressement. Mais, par un excès de prévoyance, l'administration a cru devoir, avant tout, créer dans tous nos ports de magnifiques ateliers enfermés dans des monuments grandioses pour la réparation d'une marine à vapeur qui ne fait que de naître...

« L'état général de la flotte, au 1er janvier 1844, porte :

« 43 navires à vapeur à flot ; 18 en construction ; 18 paquebots transatlantiques, dont plusieurs sont achevés et les autres fort avancés ; 24 paquebots de 220 à 50 chevaux que compte l'administration des postes pour le service de la correspondance du Levant, d'Alexandrie, de Corse et d'Angleterre. En tout : 103 bâtiments à vapeur.

« Mais d'abord il faut écarter de la liste les 24 paquebots de l'administration des postes et les 18 transatlantiques construits, installés pour un service de paix et qu'on ne rendrait point aisément propres à la guerre. Les navires en construction ne peuvent figurer parmi les ressources présentes ; on ne peut les admettre qu'à titre de réserve, et encore à la condition qu'ils seraient avancés aux 22/24 ; or, c'est ce qui n'a pas lieu pour le plus grand nombre : plusieurs de ces navires ne sont pas commencés. — Le chiffre officiel de 103 navires se réduit donc à 43.

Or, sur ces 43 navires, 16 à 18 sont en réquisition permanente pour le service d'Afrique ; 9 autres, trop faibles pour figurer comme bâtiments de guerre, sont affectés à les services de localité. Il reste donc 16 à 17 navires disponibles pour les missions éventuelles et pour les stations à l'étranger ; sur ce nombre on en compte 3 de 450 chevaux, 1 de 320, 6 de 220, et le reste de 160 et au-dessous. Tel est l'enjeu qu'au début d'une guerre la France aurait à livrer à la fortune des batailles !...

« A l'heure qu'il est, si une déclaration de guerre survenait, nous apprendrions dès le lendemain peut-être la destruction de Dunkerque, de Boulogne, du Havre, etc., que rien ne peut défendre contre un bombardement. Nous aurions la douleur de voir le drapeau anglais flotter dans la rade de Brest, notre grand arsenal. A l'aide de la marine à vapeur, l'Angleterre est en état de menacer toutes nos côtes sur l'Océan et de régner même sur la Méditerranée en nous coupant avec Alger toutes nos communications ; elle peut, en outre, bloquer étroitement et efficacement tous nos ports, et cela, dès aujourd'hui si bon lui semble. Nous ne pourrions lui résister qu'avec une marine à vapeur. — Eh bien ! il faut le redire, c'est là le côté douloureux de la question ; malgré toutes les illusions dont nous aimons à nous satisfaire, malgré tous les faits avancés, tous les chiffres alignés, nous n'avons qu'une force impuissante, une force dont l'existence purement nominale est toute sur le papier. »

Et c'est un fils du roi qui portait un aussi accablant

témoignage contre son père et son système : car les lignes qu'on vient de lire sont de S. A. R. M. le prince de Joinville. Elles justifient amplement le blâme énergique que Louis-Napoléon déversait sur l'incurie du régime orléaniste :

« Si nous avions une guerre, il faudrait pour défendre nos possessions d'outre-mer environ les forces suivantes : pour l'Algérie 60,000 hommes ; pour la Guadeloupe et la Martinique 10,000 ; pour la Guyane 5,000 ; pour Bourbon 3,000 ; pour les comptoirs d'Afrique 2,000 ; pour les îles Marquises et de la Société 10,000. Quant à Pondichéry et Chandernagor, on conçoit qu'il serait difficile d'évaluer ce qu'il faudrait pour résister aux forces imposantes des Anglais dans l'Inde. Cela ferait un total d'environ 100,000 hommes, sans compter les vaisseaux, le matériel, et par conséquent l'argent que coûteraient ces divers armements...

« Tandis qu'on perd l'Algérie par une guerre sans but et la Guyane par l'inaction, le gouvernement met sa gloire à s'emparer de tous les rochers stériles que les autres puissances ont dédaignés, et qui ne peuvent être pour nous que des possessions onéreuses en temps de paix, désastreuses en temps de guerre, une cause d'affaiblissement au lieu d'être un germe de prospérité. Deux seuls motifs ont toujours présidé à l'établissement des colonies : soit qu'on ait voulu fonder des royaumes *satellites* producteurs et consommateurs de la métropole, ou qu'on se soit borné à occuper militairement des points stratégiques qui, par leur position, dominent les grands chemins maritimes. C'est ainsi que l'Angleterre s'est emparée de Gibraltar, de Malte, de Sainte-Hélène, du cap de Bonne-Espérance, d'Aden et de Helgoland. Mais ni les îles Marquises ni les îles de la Société ne sont situées sur aucune grande route maritime ; elles ne dominent ni détroit ni embouchure de fleuve : ce sont des rochers sans valeur aucune. Le *Journal des Débats* disait que l'île de Taïti a une circonférence totale de trente-cinq à quarante lieues, ce qui est juste la moitié de la Guadeloupe. Elle est composée de deux pics élevés, réunis par un isthme marécageux, et cette colonie, ajoute le correspondant de la feuille ministérielle, *vaut à elle seule toutes les Marquises.* Jugez après cela de l'importance de ces dernières. Et c'est pour de telles colonies que le gouvernement français va dépenser des millions...

« Mais quand, devant les électeurs, les hommes indépendants reprocheront au système sa couardise et sa faiblesse, les partisans de la paix à tout prix répondront en levant la tête : « N'accusez plus notre politique, nous avons « pris, *malgré l'Angleterre,* les îles Mandana et de la So-« ciété. » Malheureusement, bien des niais le croiront, jusqu'au jour où la France, recouvrant toute son énergie dans l'épuisement et la misère, prouvera au monde qu'on ne se joue pas impunément des destinées d'une grande nation. » (*Progrès du Pas-de-Calais,* 14 juin 1841.)

Nous ajouterons seulement que le gouvernement de la bourgeoisie qui saisit le trône en 1830 ne pouvait agir autrement : il était condamné à une telle politique par sa nature même. Sans base à l'intérieur, puisqu'il avait rejeté le droit divin de l'ancien régime, et qu'il n'osait invoquer la souveraineté populaire, et se voyant au dehors maudit des peuples dont il avait trahi la cause, méprisé des puissances absolutistes, pour lesquelles il s'efforçait de renier son origine, toléré, non reconnu par la Russie, reconnu par l'Angleterre, mais exploité et humilié par elle, il se sentait si faible, si chancelant qu'il n'osait rien. Il avait tellement la conscience de n'être qu'un simple accident sans passé ni lendemain, qu'il vivait au jour le jour sans songer à rien entreprendre. Il s'était mis dans la dépendance de l'Angleterre au point de trembler constamment de lui déplaire; mais il ne pouvait s'en affranchir sans tomber.

Il est vrai qu'il envoya nos vaisseaux à quatre mille lieues de la France faire la glorieuse conquête de quelques points imperceptibles sur la carte : cela ajoutait à la nomenclature classique des colonies françaises, et c'est tout ce que permettait l'Angleterre et encore non pas toujours sans ombrage. Il fit aussi les fortifications de Paris, non en vue de la guerre, puisque précisément on était résolu à ne se battre à aucun prix, mais comme un joujou guerrier pour amuser les enfants du Grand-Peuple. On pensait ainsi donner le change à l'opinion publique et tromper notre imagination guerrière, au lendemain de cette lâcheté d'Orient qui a été si naïvement exprimée par le prince de Joinville dans son article sur l'*Escadre de la Méditerranée*, où il dit :

« Le 13 juillet 1839, l'escadre repartit pour l'entrée des Dardanelles, où elle devait rester quatre mois.... Le but politique de notre séjour en cet endroit était simple. Le jour où nous aurions su les Russes à Constantinople, nous aurions enlevé et occupé les Dardanelles, et l'avantage du poste qu'ils auraient pris eût été par là grandement diminué! »

La doctrine de ce temps était que la France ne pouvait résister ni par terre aux Russes, ni par mer aux Anglais. Les gouvernants d'alors, qui n'avaient ni génie ni tradition, mais seulement étroitesse de cœur et myopie d'esprit, avaient laissé tomber la France si bas, si bas, qu'ils ne croyaient même plus possible de la relever. Ils se résignaient philosophiquement à ce que la France ne fût que *la première des puissances secondaires.*

Mais l'Angleterre, qui les fascinait à ce point, était-elle donc elle-même si forte?

On raconte que lord Wellington, en recevant la nouvelle de la révolution, s'écria : « C'est Bonaparte qui revient. » Et il n'était pas sans inquiétude. Nul homme, en effet, ne connaissait mieux le côté faible de son pays. Aussi quelques mois après il disait à la Chambre : « Dans l'état de défense où nous sommes, notre matériel n'ayant pas été suffisamment entretenu depuis 1815, nos flottes seules étant impuissantes à nous protéger, nous ne pourrions pas tenir une semaine après une déclaration de guerre. J'ai 77 ans, passés dans l'honneur; fasse la Providence que je ne vive point assez pour être témoin d'une tragédie dont j'aurai vainement engagé mes contemporains à conjurer, par des mesures de salut, le honteux dénouement! »

Et les craintes de lord Wellington étaient partagées par l'amiral Napier qui, à l'époque de l'expédition de Rome, écrivait à lord John Russell :

« Je conseille à Votre Seigneurie d'examiner sur la carte, non la distance qui sépare Toulon et Civita-Vecchia, mais la distance qui existe entre Cherbourg et Portland. Ces mêmes navires à vapeur qui ont conduit l'armée française dans la capitale du monde catholique, qui les empêchera d'en transporter une dans la capitale du monde protestant? Les Français sont occupés à se quereller entre eux, mais rien ne pourrait les réunir plus promptement qu'un cri de guerre. Si nous osions murmurer une seule parole agressive et que le gouvernement français levât la main en prononçant le nom d'Angleterre, on verrait en vérité, l'armée entière, les républicains rouges, tout le monde, en un mot, courir au rivage comme les chercheurs d'or courent en Californie : et ils trouveraient ici une moisson plus facile et plus opulente qu'en fouillant la terre. Et qu'avons-nous, mylord, pour les en empêcher? Louis-Philippe est renversé de son trône et le pays est en révolution. Trente mille hommes ont déjà passé de Toulon à Rome : une plus grande force encore peut passer de Cherbourg à Portland. »

Enfin, les Anglais ont perdu cette confiance que leur inspirait leur position insulaire. L'invention de la vapeur a changé la nature des choses ; et si, tant que Louis-Phi lippe a régné , les Anglais n'ont point permis que la France eût une marine à vapeur et achevât ses ports, ils ont senti dès le lendemain de sa chute que la France avait repris conscience de sa force et retrouvé sa tradition.

Napoléon disait : « Depuis Charlemagne, la France n'a eu que deux grands souverains, Louis XIV et moi. » Tous les deux, en effet, avaient compris la mission de la France : l'un créa l'unité de la nation et lui marqua sa frontière; l'autre porta le drapeau de la France dans toutes les capitales, implanta partout son principe. Durant un siècle, tous les princes s'efforcèrent d'imiter le Grand-Roi. Et maintenant tous les peuples veulent faire comme la Grande-Nation. Mais pour qu'elle puisse exercer dans le monde sa haute magistrature, il est nécessaire que la France ait une grande flotte et une grande armée. Elle les eut sous Louis XIV et sous Napoléon.

Tant que la France n'avait pas de nombreux vaisseaux, elle était à la discrétion de l'Angleterre : plus d'une fois ses côtes avaient été envahies, ses ports occupés par les Anglais. Louis XIV, le premier, conçut la pensée d'avoir une marine égale à celle de l'Angleterre. Secondé par Colbert, il dota rapidement la France de cent vaisseaux : et la France put s'enorgueillir de ses grands hommes de mer, Duquesne, Jean Bart, Tourville, Duguay-Trouin ; elle eut des batailles navales qui égalèrent les plus beaux faits d'armes de ses généraux, dans les eaux de Messine, de Tripoli et d'Alger, et la descente de Newcastle et la victoire de Palerme. Mais survint la funeste journée de la Hogue, 29 mai 1692.

Un ordre de la main du Roi enjoignait à Tourville de « combattre l'ennemi, fort ou faible, et quoi qu'il en pût arriver. » Louis XIV comptait sur la défection de la moitié des vaisseaux anglais. Mais la conspiration fut découverte, les chefs furent punis, les autres furent effrayés. Le Roi l'apprend, envoie contre-ordre à Tourville : il était trop tard. La bataille fut livrée : les Français étaient 44 contre 88, un contre deux ; on se battit jusqu'à la nuit, on recommença au clair de lune ; la brume sépara les deux flottes. — L'amiral Russell écrivait : « J'ai vu pendant la nuit trois ou quatre vaisseaux sauter en l'air, mais je ne sais qui ils sont. Je ne saurais donner le détail de ce qui s'est passé, si ce n'est que les Français sont battus et que je prends la route de la rade de Cherbourg, où je suppose qu'ils ont envie de se retirer ; s'il plaît à Dieu de nous envoyer un temps plus clair, je ne doute pas que nous ne détruisions leur flotte. » — Tourville n'avait perdu aucun vaisseau dans le combat, il n'y en avait point qui ne pût naviguer ; mais la marche de quelques-uns était ralentie. Le plus grand nombre gagna Brest. Mais plusieurs ne purent suivre : trois furent brûlés dans la rade de Cherbourg, douze dans la rade de la Hogue. S'il eût existé sur la Manche un port où se réfugier, Tourville, à la gloire d'un combat aussi inégal, eût pu joindre encore la gloire d'une belle retraite.

Ce fut pour nous un désastre. Et nous ne pouvons pas

nous plaindre de la Providence, car nous nous battions pour une cause injuste. Louis XIV voulait restaurer en Angleterre la religion et la dynastie que l'Angleterre avait proscrites, et il attendait le succès d'une trahison. Aussi le roi Jacques écrivit-il à Louis XIV : « C'est ma malheureuse étoile qui a attiré le malheur sur vos forces toujours victorieuses, excepté quand elles combattent pour mes intérêts. » Le coup fatal était porté. Il y eut bien encore pour notre flotte quelques beaux jours, mais le corps de la marine resta démoralisé, et tout alla déclinant de telle sorte qu'on put dire que la marine française, après avoir été la plus florissante, la plus nombreuse, la plus belle et la plus vaillante de l'Europe, était redevenue, à la mort de Louis XIV, aussi misérable qu'elle l'était lors de son couronnement.

Ce n'est pas avec les complaisances du Régent pour l'Angleterre, ni avec toutes les hontes du règne de Louis XV que la marine française pouvait se relever. En 1758, les Anglais prenaient Cherbourg par suite de la lâche ineptie d'un maréchal de camp nommé Raimond. Et le 10 février 1763, le Roi signait le traité de Paris, par lequel la France cédait à l'Angleterre la Nouvelle-Écosse, le Canada, et l'Espagne cédait aussi la Floride à l'Angleterre, mais en échange de la Louisiane que lui abandonnait la France. La France perdait plusieurs de ses autres colonies et s'engageait de nouveau à ne point réparer le port de Dunkerque. Si Louis XV ne s'était pas obligé par article secret à ne construire qu'un nombre déterminé de vaisseaux , il n'en laissa pas moins sa marine dans le délabrement et l'abandon ; durant tout ce règne, chaque fois qu'il fut question de recréer la marine, on céda devant l'Angleterre, qui menaçait d'infliger à la France une situation plus dégradante encore. La France avait subi l'humiliation de l'institution légale d'un commissaire sur son territoire pour observer l'exécution du traité : l'Angleterre envoya, en 1772, des commissaires à Toulon pour vérifier le désarmement de l'escadre que nous destinions à secourir la Suède ! Ainsi la France, que la nature a créée puissance continentale et maritime, se trouvait réduite au rang des nations subalternes sur mer par l'Angleterre, comme sur terre par l'Autriche.

Sous l'impulsion de l'esprit de régénération qui emportait la France, l'une des premières pensées de Louis XVI fut de refaire sa marine et de créer des ports. Le dernier affront de Cherbourg était encore tout sanglant. Il ne fallait plus qu'un pareil outrage se renouvelât. Un officier qui avait fait partie du détachement envoyé pour repousser les Anglais était demeuré frappé de la nécessité de reprendre le projet de Vauban : une note qu'il fit sur la défense de la Normandie attira l'attention du Roi, qui sur le mémoire même écrivit : Dumouriez, commandant de Cherbourg (janvier 1778). — Ainsi se trouve mêlé à l'un de nos plus grands projets nationaux le nom de cet homme dont la patrie voudrait pouvoir oublier le crime d'avoir passé à l'ennemi et donné des plans contre nous, pour ne se souvenir que de la part glorieuse qu'il prit à la Confédération de Pologne, à la création de la rade de Cherbourg, à la défense des défilés de l'Argonne, où il montra une audace de génie admirée de Napoléon lui-même.

A cinq quarts de lieue nord-est du port, à la tête de la rade, est la fameuse île Pelée, qui fait tout le mérite de cette rade qu'elle circonscrit et qu'elle couvre. On avait projeté, l'année précédente, d'y construire un fort qui devait être le plus beau et le meilleur de l'Europe ; mais on avait ordonné la cessation des travaux à cause de la guerre. Il importait du moins de se mettre à l'abri d'un coup de main. Le commandant demanda des ordres : on lui refusa ordres et argent. Il prit sur lui de continuer les travaux et arma la batterie au moyen de canons qu'il envoya ramasser sur la côte. Le ministre lui mande qu'il compromet l'artillerie du Roi : huit jours après la batterie forçait deux frégates anglaises à s'éloigner. Le ministre le félicita, en le conjurant toutefois de ne plus rien faire sans ordre. Mais il n'en tint compte, voulant mettre dans le même état de défense les deux pointes de Sainte-Anne et du Homet. C'est à cette occasion que, sur le refus de concours du directeur du génie, il prit un major du régiment de Normandie, une douzaine de sergents et cent cinquante soldats de bonne volonté, et leur dit : « Mes amis, je veux vous faire faire un ouvrage indispensable ; mais je n'ai pas d'ordre, et on m'a refusé l'argent pour payer ce travail ; on a même défendu aux ingénieurs de m'aider. Cependant vous voyez qu'il faut placer ici du canon pour protéger nos vaisseaux ; si nous ne nous fortifions, les Anglais le démou-

teront : plus vous êtes braves, moins je veux vous exposer. Je peux me passer d'ingénieurs, je vais vous tracer
l'ouvrage. Je suis pauvre ; je ne peux vous donner que
du cidre et de l'eau-de-vie. Je travaillerai avec vous. »
Tous applaudissent. Il trace l'ouvrage. Les habitants se
joignent à eux, fournissent leurs brouettes, leurs pelles
et leurs pioches, et le parapet s'achève. Le maréchal de
camp, directeur du génie donne alors deux ingénieurs.
Huit jours après, les forts étaient armés. Et les travailleurs
refusaient tout salaire.

Tels sont les humbles commencements d'une œuvre
qui devint une œuvre de géant : il est précieux de voir
que le premier travail est dû à un élan de patriotisme.

Depuis longtemps il était question d'un port de guerre
à Cherbourg. La nature a placé autour de Cherbourg tout
ce qu'il fallait pour faire naître un grand projet. La mer
y présente deux rades ; l'une petite a 1800 toises de long,
depuis l'île Pelée jusqu'au Homet ; une plus grande a près
de 4,000 toises de long, depuis l'île Pelée jusqu'à la pointe
de Querqueville, et s'élève jusqu'à cinq à six cents toises
en avant du Homet et de l'anse de Saint-Anne. Et l'on ne
peut jamais bloquer cette rade, parce qu'au delà du cap
Lévi à l'est, et de la pointe de Querqueville à l'ouest commence le grand courant de la Manche qui entraînerait les
croiseurs. La rade est aisée à défendre à sa droite par un
fort à l'île Pelée, à sa gauche par le fort de Querqueville,
et au centre le fort bâti sur les roches du Homet défend
la petite rade et la passe du milieu de la grande. M. de

Trudaine y a fait construire un port marchand. A cent pas derrière le bassin s'élèvent des montagnes de granit et d'ardoise qui s'étendent jusqu'à Barfleur et qui, courant à l'ouest par la paroisse de Querqueville, vont se terminer au cap de Jobourg. Entre le fort du Homet et le fort du Galet est un enfoncement, nommé le fossé du Galet, que la nature a formé pour être le canal d'un bassin. Derrière cette fosse est un terrain oblong, nommé le *Pré-du-Roi*, que le maréchal de Vauban avait fait acheter pour y creuser un bassin royal qui pût contenir trente à quarante vaisseaux en face et à vingt lieues de Portsmouth, et où l'on pùt former en temps de guerre les apprêts d'une grande descente qui est toujours la meilleure menace contre les Anglais. — *(Dumouriez.)*

Tel était le projet de Vauban. Dumouriez l'avait étudié, et s'y était attaché avec ardeur. Il parla, écrivit, agit beaucoup pour le faire adopter. Un gentilhomme né près de Cherbourg, capitaine de vaisseau, et fort bon marin, Labretonnière, imagina la fermeture de la rade au moyen d'une immense digue jetée dans la mer, et y mit toute la ténacité de son caractère. Le duc d'Harcourt, gouverneur de la province, très-aimé du roi, consacra son grand crédit à la solution de la question. Un conseil des ministres fut réuni. On discuta longuement. Le plan de la digue, tracé sur une carte hydrographique, entraîna tous les suffrages. L'idée était grande et neuve ; cette rade, que le grand Vauban lui-même n'avait vue que circonscrite par une ligne tracée de l'île Pelée au Homet, se trouvait agrandie et plus que triplée par la conquête de tout l'espace renfermé dans une ligne tirée depuis l'île Pelée jusqu'à Querqueville. L'imagination y voyait déjà une flotte immense en sûreté, pouvant à toute heure courir sur l'ennemi et échapper à sa poursuite.

« C'était une magnifique et glorieuse entreprise, disait l'Empereur, bien forte pour le faire et pour les finances de l'époque. On imagina de former la digue par d'immenses cônes construits à vide dans le port, et remorqués ensuite jusque sur leur emplacement, où ils étaient immergés à force de pierres dont on les remplissait, ce qui du reste était fort ingénieux.

« Il est regrettable seulement que l'abri qu'on créait et qui devait être calculé pour recevoir la masse de nos flottes, soit qu'il s'agît de frapper au cœur de l'ennemi, soit que le hasard les y fît prendre refuge, n'offrît de place qu'à une quinzaine de vaisseaux au plus, quand il en eût fallu pour cent et au delà, ce que l'on eût obtenu sans plus de peines, ni beaucoup plus de dépenses, si l'on se fût porté plus en avant dans la mer.

« Louis XVI vint honorer ces opérations de sa présence ; il quitta Versailles, et ce fut un grand événement. Dans ces temps-là un roi de France ne quittait jamais sa demeure ; ses excursions n'allaient pas au delà d'une partie de chasse ; les rois ne couraient pas comme aujourd'hui ; et je crois bien, ajoutait l'Empereur, que moi je n'ai pas peu contribué à les mobiliser. »

C'est au mois de juin 1786 que le roi vint à Cherbourg. Les mémoires du temps en donnent le récit. « Il existait alors deux cônes pleins dans la rade, on en plancheya un, on y dressa une tente ; de cet endroit le Roi vit amener, immerger et commencer à remplir un cône devant lui. On ne pouvait présenter qu'à Cherbourg un spectacle aussi pompeux et aussi extraordinaire : un cône bien pavoisé, monté de cent personnes naviguant bord à bord avec le Roi de France que portait un superbe canot, au milieu de dix-sept bâtiments de guerre, dont un de 74 canons, nommé le *Patriote* ; au travers de l'artillerie nombreuse des vaisseaux et des forts, des chaloupes pleines de musique ; plus de quatre-vingt mille personnes bordant le rivage ou remplissant plus de quinze cents bateaux ou chaloupes très-ornés. Le Roi passa quatre jours à Cherbourg. Il y fut bon, familier. Il examina tous les détails avec soin. Il vit un combat naval et navigua trois lieues sur le *Patriote*. » (*Mémoires du général Dumouriez.*)

Le général ajoute : « Un jour, la marine française pourra partager avec égalité la navigation de la Manche, dont, par sa position, la moitié doit lui appartenir, si la mer peut appartenir aux peuples. Alors, l'archipel de Jersey et Guernesey se trouvera réuni à la Normandie sur laquelle il a été envahi, et qui reste entre les mains des Anglais à la honte de la France. »

Des deux côtés du détroit, on voyait dans l'avenir les immenses conséquences des travaux de Cherbourg. C'est ce qui faisait la joie de la France. Et les Anglais étaient trop occupés, trop épuisés par leur guerre d'Amérique, pour pouvoir nous entraver. Le traité de 1783, qui reconnut l'indépendance des treize États unis, affranchit de toute restriction le port de Dunkerque. La noble assistance que la France donna aux insurgés d'Amérique eut sa récompense. « Louis XVI avait élevé, dit Napoléon, par cette entreprise d'une haute politique, la marine française au premier rang. L'Angleterre ne lui pardonna point la perte de ce vaste empire de l'Amérique du Nord, qui, avec celui de l'Inde, l'aurait fait régner sur le commerce des deux hémisphères. »

Aussi, lorsqu'en l'année 1788 la France offrit à l'Angleterre une amitié de douze ans, et que les ministres, en présentant le traité au Parlement, parlèrent de l'urgence, pour le bien des deux pays, de mettre un terme à cette inimitié constante des deux nations, Burke, dont les emportements contre la France ont fait la célébrité, s'écria : « La France nous ouvre ses bras, mais c'est pour se saisir de notre commerce. A Cherbourg aussi la France ouvre les bras ; mais c'est pour y placer sa marine en présence de nos ports ; c'est pour s'y établir malgré la nature ; c'est pour lutter contre l'Océan et le disputer à la Providence, qui avait assigné des limites à son empire. Les pyramides d'Égypte s'anéantissent quand on les compare à d'aussi gigantesques travaux. Les constructions de Cherbourg sont telles qu'elles permettront bientôt à la France d'étendre ses bras jusqu'à Portsmouth et Plymouth. C'est sans doute dans cette position que la France, devenue la gardienne du canal, nous protégera. Et nous, pauvres Troyens, nous admirons cet autre cheval de bois qui prépare notre ruine! Nous ne pensons pas à ce qu'il renferme dans son sein, et nous oublions ces jours de gloire pendant lesquels la Grande-Bretagne établissait à Dunkerque des inspecteurs pour nous rendre compte de la conduite des Français. »

Dans la Chambre des pairs, lord Buckingham observa que, sans s'écarter du ton de civilité qu'une nation doit à une autre, il osait dire que l'Angleterre n'avait aucune raison de se fier au cabinet de Versailles : « Sans recourir au passé, dit-il, voyez la conduite actuelle de la France. Pourquoi réduit-elle ses armées, si ce n'est pour augmenter sa marine? Pourquoi, depuis la conclusion de la dernière guerre, a-t-elle fait construire quinze vaisseaux de ligne? N'est-ce pas pour devenir la rivale de notre commerce? Cet ambitieux empressement d'avoir une marine égale à la nôtre, ne doit-il pas nous inspirer une profonde méfiance sur ses vues secrètes? Ces préparatifs formidables, ces dépenses énormes, n'indiquent-elles pas des desseins hostiles? Ces desseins ne sont-ils pas dirigés contre l'Angleterre? Les ministres français nous ont assuré le contraire; mais pouvons-nous ajouter foi à leur parole?... Je connais la France. C'est une nation instruite, agréable, polie, mais artificieuse et fausse. Elle a pour système de s'agrandir aux dépens de la Grande-Bretagne qui, n'ayant pas un système uniforme et suivi, en sera la victime. Que devons-nous penser des travaux de Cherbourg? Les consi-

dérer d'un œil jaloux et fortifier nos côtes en conséquence. »

Le marquis de Lansdown fit remarquer que la France
était l'ennemie naturelle des libertés de l'Europe et la seule
puissance qui entretenait en temps de paix trois cent mille
hommes armés. Il se plaignit que les ministres eussent
négligé de constater les conditions commerciales de la
France dans l'Inde et leur reprocha de n'avoir rien fait
pour arrêter les travaux alarmants de Cherbourg.

Dans le même moment, le gouvernement anglais pu-
bliait dans ses feuilles semi-officielles les considérations
suivantes : « La France se propose, en convoquant une
assemblée de ses notables citoyens, d'améliorer ses revenus. Le cabinet de Versailles, en faisant de toutes les parties de la monarchie française un tout arrondi et uniforme,
en donnant à sa puissance législative l'unité d'action, en
simplifiant, comme elle est dans l'intention de le faire, la
perception de ses revenus, se propose d'augmenter les
forces de l'État. Ce projet est évidemment opposé aux intérêts de la Grande-Bretagne. Nous devons donc redou-
bler d'attention sur les efforts de notre inquiet voisin et
sur les événements qui peuvent le rendre formidable. »

Les Anglais ont tenu parole. Et la France n'a point
perdu le souvenir du mal qu'ils lui ont fait. Les noms de
Pitt et Cobourg sont restés exécrés dans les masses.

Nos assemblées nationales donnèrent d'abord aux travaux de Cherbourg un redoublement d'activité. Mais les
impérieuses nécessités du temps interrompirent cette

grande œuvre. A l'époque du Consulat, il ne restait plus de vestige à l'œil de la fameuse digue. L'imperfection première, le temps, la violence des flots, avaient tout fait disparaître jusqu'à plusieurs pieds au-dessous du niveau de la basse mer.

« Néanmoins, un de mes premiers soins, disait Napoléon, dès que j'eus pris le timon des affaires, fut de tourner mes regards sur un point aussi important. J'ordonnai des commissions, je fis discuter devant moi, je me rendis maître de l'état des lieux, et je prononçai que l'exhaussement de la digue serait repris en toute hâte et à toute force ; que les deux extrémités recevraient avec le temps deux massifs de fortification, mais que, dès cet instant même, on allait se mettre en mesure d'établir au centre une batterie provisoire considérable. Alors commencèrent de tous côtés les inconvénients, les objections, les vues particulières, l'amour-propre des opinions privées, etc., etc.

« Cela ne se pouvait absolument pas, prétendaient plusieurs ; je n'en tins pas compte, j'insistai, je voulus, et cela fut fait. En moins de deux ans on vit surgir comme par magie une île véritable, sur laquelle se montra une batterie de gros calibre. Jusqu'à cet instant, les Anglais n'avaient guère fait que rire de nos efforts : ils avaient jugé dès le principe, disaient-ils, qu'ils demeureraient sans résultat ; ils avaient deviné que les cônes se détruiraient, que les petites pierres obéiraient aux vagues, et surtout ils s'en reposaient sur notre lassitude et notre inconstance. Mais ici ce fut tout autre chose ; aussi firent-ils mine de vouloir nous y troubler ; mais ils s'y prenaient trop tard, j'étais en mesure. La passe occidentale, il est vrai, était demeurée, par la force des choses, extrêmement large, et les deux fortifications extrêmes ne croisant pas leur feu, il pouvait en résulter qu'un ennemi audacieux eût pu forcer le passage de l'Ouest, venir mouiller lui-même en dedans de la digue et recommencer le désastre d'Aboukir. Mais avec ma batterie centrale provisoire j'y parais déjà. Cependant, comme je suis pour le permanent, j'ordonnai en dedans de la digue, à son centre et comme soutien en renfort d'elle, et pour lui servir à son tour d'enveloppe, un énorme pâté elliptique dominant la batterie centrale et supportant lui-même, en deux étages casematés et à l'épreuve de la bombe, cinquante pièces de gros calibre avec vingt mortiers à grande portée, ainsi que les casernes nécessaires, magasins à poudre, etc. J'ai la satisfaction d'avoir laissé ce bel ouvrage accompli.

« Ma défensive pourvue, je n'avais plus à m'occuper que de l'offensive, qui consistait à pouvoir réunir à Cherbourg la masse de nos flottes. Or, la rade ne pouvait contenir que quinze vaisseaux. Pour en accroître le nombre, je fis creuser un port nouveau ; jamais les Romains n'entreprirent rien de plus fort, de plus difficile, qui dût durer davantage ! Il fut fouillé dans le granit, à cinquante pieds de profondeur ; j'en fis solenniser l'ouverture par la présence de Marie-Louise, lorsque j'étais moi-même sur les champs de bataille de la Saxe. J'obtenais ainsi de pouvoir placer quinze vaisseaux de plus. Ce n'était point assez encore, aussi comptais-je m'étendre bien autrement.... »

Le 25 février 1813, le ministre de l'intérieur, comte de Montalivet, en présentant au Corps législatif l'exposé de la situation de l'Empire, rendit le compte suivant des travaux de la marine et des ports :

« La France a éprouvé, par les événements, des pertes très-grandes. Les meilleurs officiers de la marine, l'élite des contre-maîtres et des équipages y ont péri.

« Nos escadres, depuis cette époque, ont été montées par des équipages peu exercés. L'insuffisance de l'inscription maritime a été reconnue et, toutes les années, les moyens qu'elle offrait ont été en décroissant, résultat inévitable de la constante supériorité de l'ennemi et de la destruction presque entière de notre commerce maritime. L'administration fit marcher de front la création ou le rétablissement des ports, la construction des vaisseaux et l'instruc ion des matelots.

« Dans la Manche, la nature a tout fait pour l'Angleterre ; elle a tout fait contre nous. Dès le règne de Louis XVI, on avait senti l'importance d'avoir un port sur cette mer. Le projet de Cherbourg avait été adopté et les fondements des digues avaient été jetés... Mais tous ces ouvrages interrompus s'étaient détériorés... Nous fimes travailler sans délai à rehausser la digue pour abriter la rade. Mais cette rade avait les inconvénients d'une rade foraine ; le carénage des vaisseaux y était impossible ou difficile. L'administration ne s'arrêta ni à la dépense ni à la difficulté des localités, et on entreprit un port creusé dans le roc, pouvant contenir cinquante vaisseaux de guerre et des chantiers suffisants pour la construction d'une escadre. Après dix ans de travaux, le succès a justifié toutes ces entreprises. Une escadre est sur le chantier de Cherbourg, et les bassins pourront recevoir, cette année, l'escadre la plus nombreuse. Le port de Cherbourg est maintenant renfermé dans une vaste enceinte, mise en état de soutenir un siége. Quatre forts, sur les hauteurs, ont été terminés au commencement de cette année. Les vastes projets que Sa Majesté a adoptés pour l'établissement de Cherbourg s'élèvent à 73 millions ; 26 millions ont été dépensés. La digue qui rendra la rade aussi sûre contre les attaques de l'ennemi que contre l'action des tempêtes, et tous les édifices nécessaires à l'établissement d'un grand port, seront achevés avant dix ans. C'est beaucoup d'avoir satisfait au besoin senti depuis le combat de la

Hogue. Mais il n'était pas moins important d'avoir un port dans la mer du Nord et de pouvoir profiter des rades nombreuses et sûres de l'Escaut.

« Anvers n'avait aucun établissement maritime. Cette ville renferme maintenant un arsenal où vingt vaisseaux de ligne se construisent à la fois et un bassin à flot où mouille toute notre flotte ; 42 vaisseaux de ligne y trouveraient dès à présent un asile commode et sûr. Ces travaux ont coûté 18 millions. Anvers est aujourd'hui l'une de nos plus fortes places.

« Flessingue est rétabli ; on a reconstruit les quais et les magasins ; le radeau de l'écluse a été baissé de quatre pieds : maintenant il peut recevoir des vaisseaux de premier rang. Six vaisseaux peuvent entrer ou sortir dans une marée. Cette place peut soutenir cent jours de tranchée ouverte ; plus de 6,000 hommes ont des casemates à l'abri de la bombe. Il n'y avait rien en 1809. Nous y avons dépensé 11,300,000 fr.

« De grands travaux ont consolidé le système de défense du Helder, qui est la clef de la Hollande ; ils ont employé 4,800,000 francs. Cette place peut désormais être considérée comme inattaquable. Les forts Lassalle, de l'Écluse, Duquesne et Morland, qui défendent l'entrée du Zuyderzée, et le fort du Texel, peuvent se défendre pendant soixante jours de tranchée ouverte. Cette année ils acquerront les quatre-vingt-dix jours de résistance qu'ils doivent avoir. Si ces travaux eussent été faits il y a quinze ans, la Hollande n'eût pas perdu deux flottes.

« La nature a indiqué le Neuw Dypp pour être l'arsenal, le chantier et le port de la Hollande ; mais, bordé de mauvaises digues, privé de quais, il ne présentait aux vaisseaux qu'une station mal assurée. On y a fait des travaux pour 1,500,000 fr. ; vingt-cinq vaisseaux de ligne pourraient aujourd'hui s'amarrer à quai et y rester en sûreté. Dans trois ans, les travaux du Neuw Dypp seront terminés.

« L'administration y a porté les forces maritimes de la Hollande. Quoique ce projet n'ait été conçu que depuis deux ans, nous jouissons déjà de tous ses avantages, et par ce moyen un nouveau port se trouve être en notre pouvoir à l'extrémité de la mer du Nord.

« Les travaux ont été poussés avec la plus grande et la plus louable activité. Le Helder, Flessingue, Anvers et Cherbourg sont dans une situation telle que nos escadres y sont à l'abri de toute insulte, et peuvent donner à nos armées de terre le temps d'arriver à leur secours, fussent-elles au fond de l'Italie ou de la Pologne.

« Le port du Havre était rarement accessible à des frégates. Un banc de galets se renouvelait sans cesse à l'entrée du chenal. Une écluse de chasse a été construite, elle maintient la liberté de la passe. Les quais et les bassins se continuent. Le montant des travaux faits est de 6,300,000 francs. Dans deux ans, les constructions seront achevées.

« Une partie considérable du territoire qui couvre la plage de Dunkerque n'était qu'un marais; son port était encombré. 5 millions ont été destinés à construire une écluse à l'extrémité du chenal, et à assurer l'écoulement des eaux du Marais. 4,500,000 ont été dépensés; 500,000 francs achèveront les travaux avant la fin de l'année.

« L'envasement du chenal d'Ostende avait fait de grands progrès; toutes les parties du port avaient souffert d'une longue négligence; la belle écluse de Slikens avait besoin d'être rétablie. 3,600,000 francs ont été employés à ces travaux. La construction d'une écluse de chasse assure la libre navigation du chenal. On a construit deux forts en pierre sur les dunes.

« Le port de Marseille, déjà très-étroit, devenait insuffisant par l'accumulation des vases; 1,500,000 francs ont été dépensés.

« Outre les grands projets que je viens de rappeler; 50 millions ont été distribués aux autres établissements maritimes, à Brest, à Rochefort, à Toulon, à Gènes, à la Spezzia, à Dieppe, à Calais, à Saint-Valery, à Bayonne et à ce grand nombre de ports moins considérables qui couvrent toutes nos côtes.

« Ce que l'art pouvait ajouter aux avantages naturels de Brest et de Toulon avait été fait par l'ancienne administration.

« Il n'en était pas de même de l'embouchure de la Charente. La rade de l'île d'Aix n'était pas propre à contenir un grand nombre de vaisseaux. L'administration a senti le besoin d'avoir un abri plus sûr dans la mer de Gascogne. La rade de Saumouard a été reconnue et fortifiée. Les rades de la Gironde l'ont été également, et une communication intérieure pour les plus grands vaisseaux a été perfectionnée, de sorte que les rades de l'île d'Aix, du Saumouard, de Talemont, et les rades de la Gironde forment, pour ainsi dire, un même port.

« Après Toulon, la Spezzia est le plus beau port de la Méditerranée. Des fortifications du côté de terre et du côté de mer devenaient nécessaires pour y mettre nos escadres en sûreté. Ces fortifications offrent déjà une résistance convenable.

« Ainsi, à peine six ans se sont écoulés depuis que le système permanent de guerre maritime a été arrêté, que les ports du Texel, de l'Escaut, de Cherbourg, de Brest, de Toulon et de la Spezzia sont assurés et offrent, sous le point de vue maritime et militaire, toutes les propriétés désirables.

« En même temps qu'on construisait et qu'on fortifiait les ports, on pensa à établir des chantiers pour construire des vaisseaux. Sous l'ancienne monarchie, nous étions réduits à moins de vingt-cinq.

« Brest pouvait tout au plus offrir les moyens de radoub. On dut renoncer à tout projet de construction, ou établir sur l'Escaut un chantier où vingt vaisseaux à trois ponts de 80 et de 74 pussent se construire à la fois. Ce chantier, approvisionné par le Rhin et la Meuse, et par tous les affluents du continent de la France et de l'Allemagne, est constamment pourvu abondamment et à bon marché. ·

« On reconnut la possibilité de construire, sur les chantiers d'Amsterdam et de Rotterdam, des frégates et des vaisseaux de 74, de notre modèle, en attendant que les chantiers et les établissements fussent formés sur Nieuw Dypp.

« Sur les chantiers de Cherbourg, on construit des vaisseaux à trois ponts de 80 et de 74.

« On construit des vaisseaux à Gênes et à Venise, profitant ainsi de toutes les ressources de l'Albanie, de l'Istrie, du Frioul, des Alpes-Juliennes et des Apennins.

« Les chantiers de Lorient, de Rochefort et de Toulon continuent à avoir l'activité dont ils sont susceptibles, et d'employer tous les matériaux que leur offrent les bassins des rivières destinées à les alimenter.

« En peu d'années, nous serons arrivés à avoir 150 vaisseaux, dont 12 à trois ponts, et un plus grand nombre de frégates.

« La marine française, dans sa plus grande prospérité, n'a jamais eu plus de 5 vaisseaux à trois ponts.

« Nous pouvons facilement construire et armer 15 à 20 vaisseaux de haut bord par an.

« L'administration a donc réussi sous le point de vue des constructions ; mais le plus difficile restait à faire.

« On se demandait où trouver les matelots pour monter ces escadres. Des camps, des exercices forment en peu d'années une armée de terre ; mais où trouver de quoi remplacer des camps et des exercices pour les troupes de mer ?

« L'administration conçut l'idée de recruter les armées navales de la même manière que l'armée de terre ; d'avoir recours à la conscription, sans abandonner les ressources que pouvait produire l'inscription maritime.

« Les départements littoraux furent en partie exemptés de la conscription de l'armée de terre, et toute leur jeunesse fut appelée à la conscription maritime.

« Les hommes de mer les plus expérimentés voulaient qu'on appelât cette conscription dès l'âge de dix à douze ans, prétendant qu'il est impossible de faire un homme de mer d'un homme formé.

« Mais comment concevoir la possibilité d'entasser dans des vaisseaux 60 ou 80 mille enfants ?

« Les dépenses qu'il fallait faire pour leur instruction, pendant dix ans, mais surtout la consommation d'hommes, devenaient effrayantes.

« On prit un terme moyen ; on appela à la conscription maritime les jeunes gens de seize à dix-sept ans. On pouvait espérer qu'après quatre ou cinq années de navigation, lorsqu'ils seraient parvenus à l'âge de vingt et un ou vingt-deux ans, on aurait des matelots habiles·

« Mais comment faire naviguer un si grand nombre de jeunes gens, lorsque la mer nous était presque partout interdite ?

« On construisit des flottilles. Cinq ou six cents batiments, bricks, chaloupes canonnières, goélettes, naviguèrent sur le Zuyderzée, l'Escaut, les rades de Boulogne, de Brest et de Toulon, protégèrent et alimentèrent notre cabotage.

« En même temps, on arma nos escadres dans les ports de Toulon, de la Charente, de l'Escaut et du Zuyderzée. Les équipages, toujours consignés à bord, évoluant en présence de l'ennemi, ont rempli l'espérance qu'on en avait conçue. Les conscrits se sont formés. Les jeunes gens de 18 ans, après cinq années de navigation, ont aujourd'hui atteint leur vingt-troisième ou vingt-quatrième année, et servent dans les hautes manœuvres avec une agilité et une adresse remarquables ; et nos escadres évoluent avec autant de promptitude et de précision qu'à aucune époque de l'histoire de notre marine.

« Depuis cinq ans que ce système a été adopté, 80 mille jeunes gens tirés de la conscription sont venus ainsi augmenter notre population maritime.

« Il a fallu bien de la constance pour se résoudre à tous les sacrifices qu'un pareil système nous a coûtés.

« Sur nos 100 vaisseaux, nous en avons aujourd'hui 65 armés, équipés, approvisionnés pour six mois, constamment en partance, appareillant tous les jours, et dans une situation telle, qu'aucun ne sait, au moment où on lève l'ancre, si c'est pour un exercice ou pour une expédition lointaine.

« L'Angleterre peut avoir le nombre de vaisseaux et de troupes de terre qu'elle voudra ; elle peut donner à son commerce la direction qui lui convient ; mais nous prétendons rester dans les mêmes droits. »

Ainsi, l'inauguration du port de Cherbourg, en 1813, était vraiment la fête de la renaissance de la marine française. C'est pourquoi Napoléon tenait à lui donner le plus de solennité possible. Il était glorieux de montrer, au lendemain de la retraite de Russie, combien la France était forte encore ; que, terrible à ses ennemis du continent, elle allait bientôt porter sur mer de rudes coups à l'Angleterre.

L'Empereur venait de gagner les victoires de Lutzen et de Bautzen. Son quartier général était à Dresde. Il sentait que l'Autriche allait tourner contre nous ; il faisait les derniers efforts pour la retenir dans son alliance, ou tout au moins en obtenir la neutralité.

Le 7 août, l'Empereur écrivait de Dresde à l'archi-chancelier Cambacérès, duc de Parme :

« Mon cousin, je verrai avec plaisir que l'Impératrice aille à Cherbourg, d'abord pour y jouir du beau spectacle de l'introduction de la mer dans le bassin, ensuite pour donner de la solennité à cette opération. Le ministre de la marine pourra précéder l'Impératrice à Cherbourg pour préparer sa réception et les moyens de l'amuser pendant son séjour. L'Impératrice partirait le 17 ou le 18, et l'opération pourrait avoir lieu le jour de sa fête. Les principales autorités du département s'y trouveront, et un spectacle aussi intéressant ne manquera pas d'attirer un grand concours de curieux. »

Le baron Meneval, secrétaire des commandements de l'Impératrice - Régente, raconte ainsi cette solennité :

« L'ouverture du bassin de Cherbourg devait avoir lieu le 15 août, jour de la fête de l'Empereur ; elle fut remise au 25, jour de la fête de Marie-Louise, pour laisser à l'Impératrice le temps de se reposer de la fatigue du voyage de Mayence. Elle voulut bien me dispenser de la suivre à Cherbourg; elle arriva dans cette ville « à moitié morte de fatigue et moulue du mauvais chemin qu'elle avait trouvé depuis Carentan, suffoquée par la poussière et très-enrhumée de la poitrine. » (Expressions tirées de ses lettres en date du 25 et du 26 août.) Le lendemain de son arrivée, elle se rendit au port, accompagnée du ministre de la marine, et descendit dans le bassin pour en admirer le travail, avant que les eaux de la mer vinssent le remplir pour toujours. La nouvelle lune et une forte marée firent décider qu'on procéderait dès le lendemain à la destruction du batardeau. Des marins de la garde et de nombreux ouvriers furent employés à pratiquer dans la digue trois ouvertures par lesquelles la mer, en s'élevant, devait pénétrer dans le bassin. On avait construit auprès du batardeau un pavillon élégant que devait occuper l'Impératrice; de chaque côté de ce pavillon avait été dressée une longue tente, destinée à recevoir les autorités et les principaux fonctionnaires. L'Impératrice s'y rendit vers cinq heures suivie de sa cour, au moment où la mer commençait à entrer dans le bassin ; sa présence fut annoncée par des fanfares et par des salves d'artillerie. L'évêque de Coutances, accompagné de son clergé, la reçut et lui adressa un discours; puis, se tournant du côté de l'avant-port, il récita les prières et les bénédictions d'usage. La mer montait majestueusement et envahissait en bouillonnant le bassin par ses trois ouvertures. A huit heures du soir, l'Impératrice, qui souffrait du froid, se retira, se proposant de revenir pour être témoin de la rupture du centre du batardeau. Une heure après son départ, la débâcle eut lieu, de sorte que l'Impératrice ne put en être témoin : elle n'arriva que pour voir le bassin rempli jusqu'au niveau de la mer. Aucun accident n'attrista cette belle opération. Dans une lettre que l'Impératrice eut la bonté de m'écrire, elle parlait de cette inauguration ; elle me disait : « On a ouvert le bassin hier.... Mais le beau moment où l'eau partait avec fracas est arrivé au moment où tout le monde dînait, et personne ne l'a vu ; et comme jamais un malheur ne va sans l'autre, j'ai aussi manqué le feu d'artifice. »

A son retour à Paris, l'Impératrice reçut les bulletins de la bataille de Dresde (26 et 27 août). On célébra la victoire ; mais ce fut le dernier *Te Deum* de l'Empire. L'Autriche avait consommé sa trahison ; tous les rois d'Europe étaient coalisés contre nous et en marche sur Paris.

La France, ramenée à ses anciennes limites, perdit ses plus beaux ports pour lesquels elle avait fait tant de sacrifices. L'un des premiers actes de la Restauration fut de réduire la flotte. « Le traité de Paris a détruit tout ce que j'ai fait pour la marine, disait Napoléon. Et si Louis XVIII a reconnu devoir son trône au prince-régent d'Angleterre, celui-ci peut dire avec non moins de vérité qu'il doit l'empire de la mer au comte d'Artois, qui, à l'instigation de Talleyrand, a signé sans nécessité le sacrifice des plus belles escadres qu'ait jamais eues la France. »

« Et pourtant, ajoutait-il, la marine française est appelée à acquérir de la supériorité sur la marine anglaise. La France peut avoir trois flottes de trente vaisseaux, comme trois armées de cent vingt mille hommes.... Ah! si ce Fulton avait eu raison, quelle immense puissance j'aurais eue en main ! Je serais le maître du monde. Mais ces savants sont si bêtes ! Ils n'ont pas même voulu que ce fût le germe d'une possibilité. »

Aujourd'hui, les grands projets maritimes de Napoléon s'accomplissent.

Les Anglais osaient, il y a quelques années, nous plaisanter et dire : « La France, obstinée surtout dans l'envie qu'elle porte à notre puissance navale, a toujours présente cette maxime de Richelieu : *La France veut une marine.* Mais avec de l'argent on fait des vaisseaux, non des marins. Ses conscrits maritimes ne sont guère que des hommes d'embarras dans les moments décisifs. » — L'Angleterre a pu voir dans la guerre d'Orient ce dont nos marins sont capables.

Longtemps elle a ri de notre légèreté nationale, de notre inconstance. Et voici que nous venons d'achever ce port gigantesque de Cherbourg, commencé il y a 72 ans.

Ce qui fait l'importance de l'inauguration de ce port, c'est qu'elle est le signe de la délivrance de l'Europe.

Nous rappellerons aux hommes d'État les hautes considérations que le résultat du Congrès de Vienne inspirait à Napoléon :

« Le sceptre des mers appartient de fait et incontestablement·à l'Angleterre. Conséquemment elle peut dire aux États du Continent : « Vos marchandises ne passeront pas sur mes mers sans payer le droit de douanes que vous imposez sur vos terres à mes marchandises. » Comment s'y opposer ? L'Espagne n'a pas trois vaisseaux à mettre à la mer, la Hollande n'en a pas quatre. Naples en a un ou deux ; le Danemark n'en a plus depuis l'incendie de sa flotte à Copenhague ; la Russie... Mais il suffirait du plus simple vouloir de l'Angleterre pour renfermer l'escadre russe dans ses ports et les y incendier. Quant à la France, que fera sa marine d'ici à vingt - cinq ans ! Le continent tel que l'ont fait les traités de 1814 et 1815 subira la loi, il baissera ses tarifs, il ouvrira ses marchés. Car l'Angleterre peut faire impunément à qui elle veut la guerre, tandis qu'aucune puissance du continent ne peut la lui faire sans éprouver de grandes pertes pour son commerce. Et cet état de choses durera aussi longtemps que la France n'aura pas repris son rang de grande nation, avec mes cent vaisseaux de ligne ou ceux d'un Louis XIV et ses cinq cent mille soldats sur la frontière. »

L'Europe a de longues années durant subi la loi de l'Angleterre. Mais la France a repris son rang. Et l'Angleterre perd le sceptre des mers.

Elle qui se montrait si susceptible et si jalouse de sa police maritime, une seule menace des États-Unis suffit pour l'y faire renoncer. Elle va baissant de ton chaque jour. Il y a loin, on en conviendra, de l'arrogance avec laquelle les ministres d'Angleterre traitaient Louis - Philippe à cette sorte de crainte mystérieuse qui leur fait ne parler de Napoléon III qu'en lui donnant les noms de « grand homme et d'homme de génie. » Lord Palmerston ne disait-il point il y a quelques mois à la Chambre des communes : « Je vous prie de ne point aborder ce sujet sans précaution, si vous tenez à éviter une rupture avec le cabinet des Tuileries. Le terrain est très-brûlant, je vous en préviens. » Qui eût dit il y a douze ans que ce fût jamais un titre pour arriver à la direction du *Foreing-Office* que d'être l'ami personnel d'un prince français ? Si la France pouvait se laisser aller à jouir de l'abaissement de sa rivale, elle en trouverait certes quelque sujet. Mais la France a de plus hautes pensées.

La France voit en ce moment dans la présence de la Reine Victoria à Cherbourg le pendant de son pèlerinage au tombeau de Napoléon.

Il est impossible de ne pas être frappé de contrastes si merveilleux. La France s'est relevée de Waterloo dans Sébastopol ; l'Angleterre était à ses côtés et l'y aidait. Aujourd'hui la France se relève de Trafalgar ; la Providence force les Anglais à venir y applaudir.

Autre rapprochement :

« Le 6 août 1758, dit un historien, 15,000 Anglais débarquèrent près de Cherbourg ; deux régiments seulement défendaient cette ville. Trop faibles pour résister à l'ennemi, ils le laissèrent entrer sans remuer. Les Anglais profitèrent d'un séjour de trois jours pour combler le bassin de ce port, emportèrent les cloches et les canons, et se rembarquèrent précipitamment, le 15 août, au moment même où des forces respectables s'approchaient pour réprimer leur piraterie. »

Il y a donc juste un siècle que les Anglais brûlaient Cherbourg. Et aujourd'hui Anglais et Français célèbrent l'inauguration de ce port dont l'on peut dire, selon une expression de Louis-Napoléon, « que l'achèvement dû à de si gigantesques efforts est un éclatant témoignage de cette unité française qui, poursuivie à travers tant de siècles et de révolutions, fait de nous une grande nation. » Les Anglais n'ont pu empêcher ni cette unité qui a établi notre prépondérance en Europe, ni la création de ce port qui est moins encore pour nous un boulevard de défense qu'une tête de pont pour l'attaque.

Si l'on a vu le petit-fils du général anglais qui, au nom de Catherine, avait conquis la Crimée sur les Turcs, aider à en chasser les Russes, il n'est pas impossible que parmi les officiers qui accompagnent S. M. la Reine Victoria il n'y ait des petits-fils des officiers qui ont brûlé Cherbourg en 1758. — Les journaux anglais racontent avec orgueil que c'est un membre du Parlement qui a construit le chemin de fer de Paris à Cherbourg ! Des Anglais aussi avaient construit Sébastopol ; des Anglais le refont aujourd'hui.

Les Anglais préparent de leurs mains ce qui peut servir à l'abaissement de l'Angleterre. — En vérité c'est le déclin de la vieille Angleterre.

Une revue anglaise disait, il y a quelques années : « Notre patrie est une flotte dont le vaisseau amiral est à Londres, et les navires partout. La Grande-Bretagne, ainsi que ces madrépores flottants au sein de l'Océan, étend çà et là ses navires comme des antennes prêtes à saisir leur proie, forte ou faible, lointaine ou proche, en tout temps, en tout lieu. Sur chaque grande mer, nous sommes parvenus à établir des espèces de corps de garde maritimes au moyen desquels les navigations étrangères sont placées sous la police britannique. Avec Jersey et Guernesey, nous pouvons braver jusque dans le cœur de la France ses bâtiments bretons et normands ; à l'aide de Gibraltar, nous gardons les clefs de la Méditerranée ; Malte est pour nous un blockhaus nautique d'où l'on peut s'élancer tout à coup et sur l'Asie et sur l'Afrique ; dans l'île Maurice, nous avons une sentinelle avancée qui surveille sans cesse la route des Indes, et par la position de Ceylan nous dominons tout à la fois le golfe de Bengale et les possessions hollandaises ; notre marine, enfin, comme une ceinture flottante, environne le globe entier... La domination de la mer est la domination du monde... »

Assez longtemps l'Angleterre a étalé son brigandage maritime et s'en est enorgueillie. L'histoire de l'Angleterre est un scandale permanent ; le succès de l'Angleterre trouble la conscience comme la vue d'un bandit heureux. Mais, si le bandit vit trop peu pour trouver toujours sa punition ici-bas, il n'en est pas de même d'une cité ni d'un peuple. Où est aujourd'hui Carthage ? Où sera demain la superbe Angleterre ?

Maintenant, si l'on demande quelle est la signification du port de Cherbourg, nous répondrons :

Naguère encore des Anglais écrivaient : « Que la
« France se pénètre bien de ceci, qu'avec ses grands mots
« de philanthropie et de liberté, elle ne saurait nous empê-
« cher d'incendier ses flottes, ses ports, ses arsenaux, et de
« saisir ses navires marchands. » C'est pour que les Anglais
n'osent plus penser de telles choses que Cherbourg est
créé. Cherbourg est créé pour qu'il n'y ait plus jamais en
Angleterre d'homme d'État qui se permette de répéter
cette parole de lord Chatam au duc de Nivernois : « Si
« l'Angleterre agissait envers la France avec justice pendant
« vingt-quatre heures seulement, elle courrait à sa ruine. »
La France se sent assez puissante, désormais, pour forcer
l'Angleterre à être juste envers elle et envers ses alliés.
Si l'Angleterre ne peut être juste sans périr, périsse l'Angleterre.

Napoléon exprimait ainsi à Sainte-Hélène sa pensée
sur Cherbourg : « J'étais résolu de renouveler à
Cherbourg les merveilles de l'Égypte ; j'avais élevé déjà
dans la mer ma pyramide ; j'aurais eu aussi mon lac
Mœris. Mon grand objet était de concentrer à Cherbourg toutes nos forces maritimes ; et, avec le temps,
au besoin, elles eussent été immenses, afin de pouvoir
porter le grand coup à l'ennemi. J'établissais mon terrain
de manière que les deux nations tout entières eussent
pu, pour ainsi dire, se prendre corps à corps ; et l'issue
ne devait pas être douteuse, car nous aurions été plus de
quarante millions de Français contre quinze millions
d'Anglais ; j'eusse terminé par une bataille d'Actium. Et

puis, que voulais-je de l'Angleterre ? Sa destruction ? Non,
sans doute. Je ne lui demandais que le terme d'une usurpation intolérable, la jouissance de droits imprescritibles
et sacrés, l'affranchissement, la liberté des mers, l'indépendance, l'honneur du pavillon ; je parlais au nom de
tous et pour tous, et je l'eusse obtenu de gré ou de force :
j'avais pour moi la puissance, le bon droit, le vœu des
nations.... Si jamais une armée victorieuse entrait dans
Londres, on serait étonné du peu de résistance qu'oppo-
seraient les Anglais. »

Libre au *Times* d'écrire : « Nous savons que Cherbourg n'est qu'une plaisanterie ; mais nous ne voudrions
pas nous laisser dépasser en jovialité. Quand nous aurons
fêté ses moyens d'attaque, nous prierons l'empereur des
Français de venir nous complimenter sur nos moyens de
défense. » — La France sait maintenant à quoi s'en tenir
sur les vantarderies anglaises. La guerre dernière a montré au grand jour toutes les plaies de leur administration ;
eux-mêmes les ont étalées en plein parlement. Ils ont dû
reconnaître que nous leur étions supérieurs, même sur
mer.

Au fond, l'Angleterre a peur. Et ce qui excite à un si
haut point ses terreurs mal déguisées, c'est sa mauvaise
conscience.

Est-ce qu'on peut oublier comment les Anglais se sont
emparés de Toulon par trahison, et comment, vaincus par
Bonaparte, ils ne se retirèrent qu'après avoir brûlé la
flotte et l'arsenal. « Conformément à vos ordres, écrivait

le capitaine commandant à l'amiral Hood, je me suis rendu à l'arsenal de Toulon, et j'ai fait tous les préparatifs nécessaires pour incendier les vaisseaux et les approvisionnements.... Je puis vous assurer que le feu a été mis à dix vaisseaux de ligne au moins.... Je suis fâché, mylord, d'avoir été obligé d'en épargner quelques-uns... J'espère pourtant que Votre Seigneurie sera contente. »

Est-ce qu'on peut oublier cette fatale expédition de Quiberon, qui fut conçue, organisée par Pitt, et qui coûta à la France plusieurs centaines d'officiers de marine, reste des compagnons de Suffren? La flotte anglaise fut spectatrice de la destruction de l'émigration jetée par elle sur les côtes de Bretagne. Et quand Pitt vint devant le parlement justifier cette expédition en disant : « Du moins le sang anglais n'y a pas coulé, » Shéridan put lui répondre : « Non, sans doute, mais l'honneur anglais a coulé par tous les pores. »

C'est parce que l'Angleterre sait que nous n'avons oublié ni Toulon ni Quiberon; c'est parce qu'elle se sent coupable vis-à-vis de tous les peuples de cent faits pareils, qu'elle craint à toute heure du jour et de la nuit que nous ne lui ménagions une surprise analogue. Et l'Angleterre est le seul peuple qui ne pourrait se plaindre en rien de l'emploi de semblables moyens envers lui.

Mais la France pour vaincre n'a pas à descendre au niveau de la politique anglaise. Elle est trop forte pour sentir le besoin de recourir à des perfidies.

La France a mis plus d'une fois l'Angleterre à deux

doigts de sa perte. Il s'en est peu fallu, en vérité, que l'expédition du général Hoche ne réussît : vingt-cinq mille hommes passaient à bord de dix-huit vaisseaux de ligne, de vingt frégates et de six corvettes. Le temps était admirable. « Oh! fortune, s'écriait-il, je ne te demande que trois jours. » La tempête sépara de la flotte le vaisseau amiral. L'Angleterre fut sauvée pour cette fois; mais le danger avait été grand. Pitt en fut malade. Et quand il proposa de voter une adresse à l'armée, Fox répondit : « C'est aux vents seuls que nous devons voter des remercîments. »

On a souvent dit et écrit que Napoléon n'avait pas songé sérieusement à opérer une descente en Angleterre, qu'il aurait échoué, non que le matériel du débarquement ne fût possible, mais la retraite ne l'était pas. Napoléon lui-même a répondu : « La descente en Angleterre a toujours été regardée comme possible, la prise de Londres était immanquable. Maître de Londres, il se fût élevé un parti très-puissant contre l'oligarchie. Est-ce qu'Annibal en passant les Alpes, César en débarquant en Épire ou en Afrique, regardaient en arrière! Londres n'est situé qu'à peu de marches de Calais; et l'armée anglaise, disséminée pour la défense des côtes, ne se fût pas réunie à temps pour couvrir cette capitale une fois la descente opérée. Sans doute que cette expédition ne pouvait pas être faite avec un corps d'armée, mais elle était certaine avec 160,000 hommes qui se fussent présentés devant Londres cinq jours après leur débarquement. Les flottilles n'étaient que le moyen de débarquer ces 160,000 hommes en peu d'heures et de s'emparer de tous les bas-fonds. C'est sous la protection d'une escadre réunie à la Martinique et venant de là à toutes voiles sur Boulogne, que devait s'opérer le passage ; si la combinaison de cette réunion de l'escadre ne réussissait pas une année, elle réussirait une autre fois. Cinquante vaisseaux partant de Toulon, de Brest, de Rochefort, de Lorient, de Cadix, réunis à la Martinique, arriveraient devant Boulogne et assureraient le débarquement en Angleterre, dans le temps que les escadres anglaises seraient à courir les mers pour couvrir les deux Indes.... »

Et tout cela fut bien près d'être réalisé. Sans Trafalgar, que serait aujourd'hui la puissance anglaise ? Et l'Empereur disait : « Je dois le désastre de Trafalgar uniquement à la désobéissance de l'amiral Villeneuve...... » Moins de dix ans après, Napoléon avait 100 vaisseaux et 80,000 marins. On peut dire que la descente en Angleterre fut une de ses idées constantes : c'est pourquoi les Anglais s'épuisaient à salarier coalitions sur coalitions contre lui, tremblant que le moindre répit continental ne fût le signal de la chute de l'Angleterre.

La vapeur, on en conviendra, a rendu une descente tout autrement facile. La vapeur a abrégé la distance et le temps. Avec une flotte à vapeur, Hoche ne serait plus à la discrétion d'un coup de vent. Napoléon n'aurait plus besoin d'envoyer ses vaisseaux en Amérique, livrés aux hasards d'une double traversée, pour ensuite guetter lui-même anxieusement leur retour. Les Anglais ont fait cet aveu : « Si à l'époque du camp de Boulogne les bateaux à vapeur eussent été en usage, Napoléon aurait eu aisément les moyens de débarquer quinze à vingt mille hommes sur la côte. (Séance de la Chambre des communes du 29 février 1844.)

La vapeur a continentalisé l'Angleterre. L'Angleterre n'est plus une île comme autrefois. Nous pouvons y aborder quand nous voudrons : où sont ses soldats pour nous combattre? Aura-t elle une flotte toujours prête à nous barrer le passage? Et cela pendant des années, sans jamais être un seul instant prise en défaut? L'Angleterre, même avec toutes ses forces, n'aurait que peu de chances de vaincre. Car nos vaisseaux valent les siens, nos marins ne redoutent pas l'abordage; et, derrière le rideau de notre escadre en bataille, nos soldats passeraient. Peut-elle donc rester sur un qui-vive perpétuel? Que deviendrait son commerce et qui protégerait ses colonies? L'Angleterre, à son tour, saura ce que coûte une paix armée. Nous fatiguerons ses croisières, nous l'épuiserons jusqu'à ce qu'elle se rende à merci et miséricorde.

Longtemps l'Angleterre, à l'abri dans son île, se riait du malheur des peuples qu'elle faisait s'entr'égorger sur le continent, certaine de profiter de l'affaiblissement de tous. Dorénavant, l'Angleterre ne peut plus se flatter de demeurer simple spectatrice d'une guerre continentale. Qu'elle essaie, comme elle fit en 1805, pour détourner le coup dont la menaçait Napoléon, d'armer contre nous l'Autriche. C'est elle qui serait frappée la première. La France n'aurait plus à quitter Boulogne pour Austerlitz ; car l'Autriche n'est plus aujourd'hui qu'un échafaudage vermoulu qui s'écroulerait de lui-même sous le simple effort des jeunes peuples qu'elle contient, dont elle entrava le développement, mais dont la maturité est arrivée. Contre l'Autriche, un simple décret de dissolution suffirait.

Aujourd'hui l'Angleterre est dans la crise la plus forte où jamais fut un peuple.

Si, avec toutes ses hypocrisies de religiosité, l'Angleterre pouvait croire à la Providence, l'Angleterre verrait ici son arrêt ; le doigt de Dieu y est visible. La guerre d'Orient porte en soi un terrible enseignement. L'Angleterre repoussa toute guerre continentale, et fit prévaloir cette stratégie, assurément nouvelle, qui consistait à attaquer l'ennemi aux extrémités, non au cœur, à ne faire qu'une guerre maritime à une puissance exclusivement continentale ; car elle craignait, non sans raison peutêtre, qu'une guerre engagée par le centre de l'Europe n'établît la suprématie française sur une base inébranlable, avec le cortége des nations délivrées. La France accepta le terrain choisi par l'Angleterre. Et qu'est-il arrivé ? C'est que le profit moral de cette expédition maritime fut pour la France, non pour l'Angleterre, et que l'Angleterre y a plus perdu même que la Russie ; de sorte qu'elle-même a produit du même coup ce qu'elle tenait tant à empêcher, c'est-à-dire la prépondérance définitive de la France par l'effacement simultané du double prestige de l'Angleterre et de la Russie.

Ce n'est pas tout : l'Angleterre a perdu en Crimée presque toute son armée. Pour réparer ses pertes d'Inkermann, elle appela ses régiments des Indes. Et les Indes alors ont conçu la pensée de se soulever, et elles en ont eu la possibilité. En réalité, c'est de Sébastopol qu'est sortie l'indépendance des Indes.

Ainsi deux des rêves du grand Napoléon se sont réalisés. La Russie a été contrainte à signer un traité qui limite sa puissance. Et la domination des Anglais dans l'Inde est finie.

Rien ne peut plus relever la puissance anglaise. Les Anglais ont beau commander des jours de prières et de jeûne public. Il leur faudrait changer d'âme. Et ils applaudissent aux atrocités de leurs soldats et officiers dans les Indes : et les récits des boucheries les plus sauvages ne provoquent, en Angleterre, que des hurlements de joie. Ils ont fatigué la Providence, et leur règne est passé.

L'Espagne aussi fut autrefois une grande puissance maritime, c'était le plus vaste empire du monde. Charles-Quint atteignit presque à la monarchie universelle. Il régnait sur les deux hémisphères. Mais l'Espagne s'est montrée dans les deux mondes tyrannique et cruelle. Et l'Espagne est tombée au rang des puissances secondaires. Car le Dieu qui retire le pouvoir aux dynasties coupables, destitue les nations qui faillissent à leur mission,

— L'Angleterre oserait-elle dire qu'elle n'a point failli?

Mais le pouvoir de l'Angleterre ne fut qu'un pouvoir usurpé. De même que dans les sociétés malades on voit la classe la plus vile, la plus âpre, la plus basse moralement, se saisir du gouvernement et écraser les masses : c'est ainsi que dans le monde on voit certaines nations rusées, calculantes, intrigantes, profiter du sommeil ou de la fatigue des peuples pour leur enlever la direction sociale et les dominer à léur aise. C'est pourquoi l'Angleterre a régné.

On a trop parlé de la civilisation anglaise. C'est le peuple, chacun le reconnaît, le plus égoïste de la terre ; c'est le peuple, eux-mêmes l'avouent et s'en font gloire, le plus indifférent aux maux des autres nations. Est-ce que la souffrance des autres est leur affaire. Aider le prochain, cela prend du temps et ne rapporte rien. On ne pourrait pas citer une seule guerre entreprise par l'Angleterre dans un but désintéressé. Comment donc un peuple qui n'a pas le moindre sentiment sympathique et chevaleresque, et qui même n'en éprouve pas le besoin, mais le méprise et s'en moque comme d'une folie, pourrait-il prétendre à une influence morale dans le monde? Il est possible qu'ils aient été un instrument destiné à châtier l'indolence des Indiens ; mais, assurément, ils ne les ont point civilisés ; car la civilisation ne consiste pas dans une fabrication de rails, d'aiguilles, d'allumettes chimiques ou de cotonnades. Ils n'y ont pas importé une idée, pas un sentiment ; leurs soldats ne sont que des mercenaires, leurs employés que des pillards, leurs missionnaires que des marchands. L'Évangile n'est pour eux qu'un livre dont ils savent quelquefois les lettres, mais dont ils ignorent l'esprit, un moyen d'exploitation. Est-ce qu'ils pratiquent rien de l'Évangile ? Où a-t-on vu la nation anglaise se dévouer? Il y a, sans doute, quelques âmes anglaises déjà attendries, touchées, compatissantes, bonnes et d'esprit chrétien. Mais l'Angleterre n'est reconnue par aucun peuple comme une nation chrétienne, car elle ne fait de bien qu'à elle-même. Et quand l'Angleterre ne suffit même pas à l'éducation des peuples d'Asie, que peut-elle prétendre enseigner aux peuples d'Europe, leurs aînés en civilisation? de quel droit prendrait-elle le pas sur la nation qui est proclamée par tous fille aînée de l'Église et mère de la Révolution ?

L'Angleterre ne restait aux premiers rangs que par surprise. Elle redescend à sa place naturelle. Elle boudera dans les premiers temps; puis elle s'accoutumera. Si elle regimbe, elle y perdra. Et elle finira par entendre raison et par apprendre la justice, car Cherbourg est là.

C'est la perte de l'Amérique qui permit de commencer le port de Cherbourg, et il s'achève dans le temps où les Anglais perdent les Indes. Le commencement et l'achèvement du port de Cherbourg sont marqués par l'indépendance de deux continents, par une double décadence de l'Angleterre.

Et maintenant, pour protéger ses colonies contre l'Angleterre, la France n'a plus besoin d'y envoyer cent mille hommes. Car Londres nous répond du respect de notre pavillon. Notre voix ne serait plus impunément méconnue dans Londres. C'est dans Cherbourg qu'est la solution de la question d'Orient. C'est dans Cherbourg qu'est la médiation de la France pour les affaires de l'Inde. C'est dans Cherbourg qu'est la sanction de la parole française en faveur des nations.

L'Angleterre, qui nous a aidés à prendre Sébastopol, sait qu'elle ne l'eût jamais pris seule. Qui l'aiderait à prendre Cherbourg? Elle n'aurait en vérité pour elle que le *Lloyd* autrichien. La France, au contraire, peut compter sur les vœux et l'appui du reste du monde. Car les flottes et arsenaux de la France ont été cent fois au service de la cause des peuples.

Et voilà pourquoi l'inauguration du port de Cherbourg a un triple caractère : c'est pour la France une fête de glorification de sa marine, une fête d'espérance pour les peuples, et pour l'Angleterre une fête d'expiation.

Cela veut-il dire que nous aurons la guerre demain?

Après la guerre d'Orient, la Russie déclara qu'elle allait *se recueillir;* elle commence ses réformes. L'Angleterre n'aurait pas un moindre besoin de se recueillir elle-même et de réformer ses abus.

La lutte de vingt-cinq ans de l'Angleterre contre nous a coûté de part et d'autre beaucoup de sang et beaucoup d'or. Était-elle donc indispensable? Il se trouve en Angleterre des gens assez aveugles ou assez haineux pour répéter contre la France les insultes d'il y a soixante ans, tout prêts à recommencer les mêmes bévues. *Sans doute leurs impuissantes rancunes viendront échouer devant le bon sens public comme les vagues de la mer viennent se briser devant la digue de Cherbourg.* Toutefois il n'est pas sans utilité de rappeler ce qui a amené la guerre entre l'Angleterre et la France, et ce qu'elle a produit. On dit sans cesse : c'est la faute à Napoléon. Ce n'est pas assurément la France qui a commencé.

C'est Pitt qui s'écria : « Guerre à la France, guerre à mort, guerre d'extermination. On prétend qu'il ne tenait qu'à nous de vivre en paix avec les Français, de vivre en frères ; non, c'est en ennemis que la prudence nous conseille de vivre avec eux. »

Les lords Stanhope et Lauderdale protestèrent : « Cette guerre est votre œuvre, dirent-ils à Pitt ; c'est vous-même qui l'avez préparée, surtout par vos libelles atroces contre la révolution française, dans lesquels l'absurdité marche de front avec la perfidie. La Chambre voudra-t-elle s'engager à soutenir une guerre dans laquelle nous sommes les agresseurs ? »

Burke, s'associant à la haine de Pitt, alla, dans son aberration furieuse, jusqu'à prononcer ces paroles impies : « Si jamais puissance met le pied sur le sol de la France, elle doit y entrer comme dans un pays d'assassins ; on n'y aura aucun égard aux procédés que les nations policées ont entre elles en se faisant la guerre ; la

France n'a pas le droit de s'y attendre : toute la guerre doit y être réduite à l'exécution militaire. »

Et l'ordre fut partout donné de brûler, couler bas et détruire les bâtiments français qu'on pourrait rencontrer. Les représentants officiels de la république française furent partout poursuivis, livrés, arrêtés.

Ce n'était point, sans doute, pour venger la mort de Louis XVI que les petits-fils de ceux qui avaient décapité Charles Iᵉʳ prenaient les armes ; car Louis XVI régnait encore, que déjà les ministres d'Angleterre organisaient la première coalition contre la France, et formaient ce projet de partage qui assurait à l'Empereur d'Allemagne la Franche-Comté, l'Alsace et la Lorraine ; au roi de Sardaigne, la Bresse, le Bugey, le Dauphiné, le pays de Gex et le Roussillon ; au roi d'Espagne, la Corse et le Béarn, et à l'Angleterre nos colonies.

Ce n'était point, sans doute, pour arrêter la guillotine de Robespierre que les successeurs de Cromwell faisaient appel à l'Europe ; car la guillotine ne fut dressée sur la place de la Révolution que lorsque la guerre eut commencé, qu'il y eut des discordes à étouffer, des ennemis intérieurs à terrifier et des traîtres à punir.

Ce n'était point, sans doute, pour restaurer en France le gouvernement d'un seul et rétablir le catholicisme que la protestante et constitutionnelle Angleterre soldait les puissances européennes ; car, lorsque le Premier Consul se saisit du pouvoir et rouvrit les églises, la guerre n'en devint que plus acharnée.

L'Angleterre, il est vrai, reprochait à Napoléon son despotisme et son usurpation ; mais elle n'avait pas attendu qu'il eût mis sur sa tête la couronne impériale pour le vouer aux poignards de Georges Cadoudal et diriger contre lui la machine infernale du 3 nivôse. Et il appartenait bien à la nation qui invoque en toute chose la volonté du pays, qui, tant de fois, changea, chassa, rappela, redestitua ses dynasties, de contester à la grande nation le droit de couronner celui qui, tant de fois déjà, l'avait conduite à la victoire ! En réalité, c'est l'Angleterre qui fit Napoléon Empereur, en prolongeant la guerre. Car, de même que la Convention, pour repousser l'ennemi de la frontière, dut se contracter en Comité de salut public, et établir dans la nation la loi qui régit une ville assiégée, de même, pour aller frapper l'ennemi chez lui, de capitale en capitale, le Directoire se résuma forcément dans un seul ; la grande nation devint la grande armée, le bruit du canon couvrit la voix des assemblées ; la République ne fut plus qu'un camp avec Napoléon pour dictateur.

C'est ce que confirme cette page de Napoléon :
« Il fallut à la République française le despotisme du Comité de salut public pour la sauver d'une défaite qui eût été suivie du partage de la France. Le Directoire vécut de mes victoires. La contre-révolution était flagrante quand je revins d'Égypte.... Je n'ai pas créé l'Empire dans mon intérêt personnel : la couronne n'ajoutait rien à ma gloire. J'ai créé l'Empire pour le salut de la Révolution et dans l'intérêt français en présence de l'attitude prise par l'An-

gleterre à la rupture de la paix d'Amiens, parce que, du moment où l'Angleterre prenait en main le drapeau de la contre-révolution, et proclamait hautement qu'elle ne remettrait l'épée dans le fourreau qu'après avoir ramené dans Paris les rois de l'ancienne dynastie et réduit la France à ses anciennes limites, il fallait, sous peine de mort pour le nouvel ordre de choses sorti de la Révolution de 89, que je donnasse à la France une forme de gouvernement qui, assurât au déploiement des forces nationales toute son étendue. »

Un duel à mort s'engagea entre Napoléon et l'Angleterre, et l'Angleterre faillit y périr. La fureur de l'Angleterre réagit contre elle-même. Elle avait fermé les mers à la France, la France lui fermait le continent. Une année encore, et l'Angleterre bloquée mourait d'inanition.

Et pourtant toujours Napoléon désira la paix et l'offrit loyalement. Il la proposait la veille de chaque bataille, il la proposait au lendemain de chaque victoire, sans même en accroître ses prétentions.

En 1800, le premier Consul écrivait au roi d'Angleterre : « La guerre qui, depuis huit ans, ravage les quatre parties du monde doit-elle être éternelle ? N'y a-t-il donc aucun moyen de s'entendre ? »

En 1805, l'Empereur écrivait au même souverain : « Le monde est assez grand pour que nos deux nations puissent y vivre, et la raison a assez de puissance pour qu'on trouve les moyens de tout concilier, si, de part et d'autre, on en a la volonté. »

Mais nul accord ne put aboutir.

A l'époque de la rupture du traité d'Amiens, M. Addington fit dire : « Si le premier Consul ne signe pas un traité de commerce avec l'Angleterre, je ne pourrai pas empêcher la guerre. » — « Il avait raison. Les Anglais ne font jamais rien par l'élan de l'âme, ils calculent tout, ajouta l'Empereur. Je ne leur ai jamais refusé un traité de commerce, mais je le voulais sur le pied de la réciprocité. Et c'est ce à quoi ils n'ont jamais voulu consentir. »

Au fond, le traité de commerce n'était qu'un prétexte, une amorce jetée par les lords aux industriels de la Cité. Leur secret a plus d'une fois échappé à la passion de leurs orateurs, quand ils disaient que la Révolution française (dont le Code Napoléon est l'expression) attaquait la propriété.... Oui, la propriété féodale. Et les landlords ne voulaient, à aucun prix, voir leurs priviléges territoriaux compromis. Et c'est ce qui faisait toute réconciliation impossible ; c'est ce qui rendait vains tous les efforts de Napoléon.

« J'ai constamment voulu la paix et une paix franche avec l'Angleterre, disait-il à lord Amherst ; je ne connais pas de rivalité qui puisse empêcher deux grandes nations de s'entendre et de marcher d'un commun accord vers le but qui dominait mon gouvernement. Je voulais combler le gouffre des révolutions et reconstruire sans secousses l'édifice européen, dans l'intérêt de tous, en me servant des rois pour doter l'Europe continentale des bienfaits des constitutions que votre pays, comme le mien, n'ont acquis qu'au prix d'une épouvantable commotion sociale. L'Angleterre n'avait rien à craindre de moi du moment où elle m'écouterait.

« Si Fox avait vécu, la face de l'Europe aurait changé, Son génie et son patriotisme m'avaient compris : toute idée grande et nationale vibrait dans son âme. Il est mort pour le malheur du monde. Pas un coup de canon n'aurait été tiré sur le continent, depuis Austerlitz, si les négociations de lord Lauderdale avaient été continuées. J'ai toujours voulu la paix ; je n'ai combattu que pour l'avoir... Un guerre terrible couve sous les cendres de l'Empire. Tôt ou tard les peuples me vengeront cruellement de l'ingratitude des rois que j'aï couronnés ou que j'ai pardonnés. »

L'Angleterre s'est constamment refusée à la paix. Qu'en est-il résulté ? C'est qu'après les guerres de l'Empire, selon une parole de Louis-Napoléon, la France s'est trouvée plus forte, malgré sa défaite, et que l'Angleterre a perdu, malgré sa victoire.

Ce qui démontre le mieux la vérité de cette parole, c'est que le projet de partage formulé dès le début de la guerre en 1792, nul n'osa le présenter en 1814 et 1815, tant la France, même vaincue, semblait terrible, tant elle inspirait de respect et d'effroi à ses vainqueurs d'un jour.

Tandis qu'au contraire le prolétariat anglais, avec son effroyable misère, est né de cette guerre à mort que nous fit l'oligarchie anglaise. Car les subsides que les lords donnaient à l'Autriche et aux autres puissances ennemies de la France, c'est le travail de l'ouvrier qui dut les payer. Or, au 5 janvier 1821, la dette du royaume d'Angleterre se montait à 775,844,565 liv. sterl. et celle d'Irlande à 25,720,846, ce qui fait en totalité 801,565,411 liv, sterl. (ou environ 20 milliards et 40 millions de francs), dont l'intérêt annuel est de 28,064,722 liv. sterl. (plus de 701 millions de francs). Voilà ce que l'Angleterre a gagné à la guerre contre l'Empire.

« La dette de l'Angleterre, a dit Napoléon, est un ver rongeur, la chaîne des embarras de tout son avenir; car il faudra pour en supporter le poids immense continuer pendant la paix la levée des taxes imposées par la guerre, ce qui produira l'élévation du prix des denrées, et conduira insensiblement le peuple à la plus affreuse misère. De deux choses l'une, ou le salaire des ouvriers augmentera proportionnellement, et dès lors les produits de l'industrie anglaise ne se présenteront plus avec avantage sur les marchés du continent, et les fabriques seront en souffrance; ou les salaires resteront stationnaires dans l'intérêt des manufactures, et dans ce cas la classe ouvrière ne gagnera pas de quoi pourvoir à ses besoins les plus nécessiteux. »

Captif de l'Angleterre, Napoléon pourtant sympathisait à ses misères. Il eut une idée sublime : il imaginait un moyen pour elle de se racheter :

« On dit que l'Angleterre trafique de tout. Que ne se met-elle à vendre de la liberté? Que de peuples lui en achèteraient volontiers! Que ne donneraient pas ces pauvres Polonais, ces pauvres Espagnols, ces pauvres Italiens! Chaque peuple délivré prendrait avec joie sur lui une partie de la dette de la Grande-Bretagne. »

Mais l'Angleterre ne songea point aux autres nations ; elle parlait de leurs droits et de leur indépendance pour les nécessités de la lutte et comme stimulant contre Napoléon ; une fois Napoléon vaincu , il n'en fut plus question. L'oligarchie anglaise n'avait fait la guerre que pour elle. Elle ne chercha qu'à se récupérer sur le peuple des pertes de la guerre. Pas un abus ne fut diminué ; mais la misère prévue par Napoléon se réalisa.

Et le peuple anglais fut plus malheureux cent fois que s'il eût été envahi ; car l'oligarchie britannique qui le gouverne et l'opprime est plus étrangère à ses besoins, à tout sentiment de commisération, que ne le sont les étrangers.

Il y a ceci de merveilleux dans les guerres de la République et de l'Empire, que la France a toujours guéri les blessures qu'elle a faites. Bon gré malgré, elle a ouvert le sillon, et l'idée nouvelle qui y a été semée à l'ombre de nos drapeaux a germé partout. A voir l'Angleterre si stationnaire, si obstinée dans ses vieilles lois et dans ses vieux abus, seule demeurée féodale, on en est à se demander si ce n'est point parce qu'elle est la seule terre d'Europe qui n'ait pas été touchée par le doigt du Peuple-Sauveur.

Napoléon portait ce jugement sur le gouvernement d'Angleterre :

« En Angleterre, c'est l'aristocratie qui gouverne en maître absolu, et du moment où une réforme l'atteint, elle se retranche dans son adage habituel : « On ne peut pas toucher aux fondations antiques de la vieille Angleterre sans que l'édifice de sa grandeur et de ses libertés s'écroule. »

« Et pourtant il faut savoir couper dans le vif quand la gangrène menace. C'est sur les sinécures, sur les hauts emplois qu'il faut porter la réforme.... C'est par de sages réformes d'abus sans nombre, dans la valeur de l'emploi des biens de l'Église, dans la position des fermiers vis-à-vis des grands propriétaires du sol, dans l'administration de l'Irlande, dans les rapports vis-à-vis de la mère patrie, dans l'espèce d'interdiction qui frappe pour raison de sa croyance religieuse, un tiers de la population des trois royaumes, c'est enfin par une admission franche de tous les intéressés au droit d'élection. La coutume actuelle n'est qu'une brillante déception qui place la majorité du parlement à la nomination de l'aristocratie et de la couronne.

« Quand le peuple anglais sentira trop vivement le joug royal, ou lorsque la détresse lui deviendra insupportable, la mitraille ou la corde du bourreau en feront justice. C'est possible, tant que le mal n'a pas pénétré dans les masses ; mais, quand il y a pénétré, ce qui n'était que de la canaille, aux yeux fascinés du pouvoir, se transformera en nation : et l'on se rappelle, mais trop tard, que ce sont les masses populaires, et non pas quelques nobles ou richards, qui la constituent. »

Napoléon s'est élevé fréquemment contre le mercantilisme de l'Angleterre et contre sa tyrannie des mers. Mais il n'y a jamais eu dans son âme de haine pour le peuple anglais :

« Sachez, disait-il, qu'un homme véritablement homme ne hait point ; sa colère ne va pas au delà de la minute, du coup électrique.

« J'ai fait beaucoup de mal à l'Angleterre, je lui en aurais fait beaucoup plus encore si la guerre avait duré plus longtemps ; mais toujours j'ai eu une haute estime de la nation anglaise. Malgré le martyre que ses ministres m'imposent, mon estime reste au peuple anglais. »

Napoléon connaissait le mal dont souffre l'Angleterre ; il en connaissait le remède. Sur son rocher de Sainte-Hélène, il s'entretenait avec O'Meara de ce qu'il eût fait pour l'Angleterre, si le destin n'eût tourné contre lui :

« Si je fusse entré dans Londres, j'aurais proclamé la République ! J'étais alors premier Consul. J'eusse aboli sans coup férir la noblesse anglaise, la Chambre des lords ; j'eusse donné à votre grand peuple les terres des gentilshommes opposés à mes projets. La liberté, l'égalité, la souveraineté du peuple, ces belles institutions établies en principe m'eussent fait de nombreux partisans. La Chambre des communes fût demeurée, sauf des réformes dans le mode électoral. La Grande-Bretagne eût vu alors que nous venions, comme amis de la nation, pour l'arracher au joug d'une aristocratie insolente, perverse, pourrie, et donner à son gouvernement les formes du siècle. La discipline de mes troupes eût justifié mes vues ; j'eusse sévèrement puni les moindres excès. En raisonnant d'après le grand sens des Anglais, ces changements m'eussent valu un parti formidable. J'eusse encore insurgé l'Irlande qui serait accourue à moi... J'avais calculé l'effet qu'aurait produit la prise d'une ville grande et aussi opulente, de la banque, de toutes vos richesses, de vos bâtiments dans la Tamise et à Chatam... En vous portant des coups terribles, je fusse arrivé avec la rapidité du tonnerre aux portes de Londres. Mon héroïque armée eût brisé toutes vos barrières... Mes proclamations eussent eu en vue les opinions, les besoins du peuple, les matelots, les soldats, les moins favorisés de toutes les classes. J'abolissais les coups de garcette. Ces proclamations contre une aristocratie avare et tyrannique, s'enrichissant du sang du peuple, le juste partage des biens, m'eussent gagné l'affection du peuple de Londres, de tous les mécontents. Je n'avais besoin que de ces incidents pour établir la suprématie de la France. »

Quand les privilégiés d'Angleterre se livrent à leurs déclamations contre la France, qu'ils se demandent quel appui ils trouveraient dans le peuple anglais le jour où un général français se présenterait la grande Charte du suffrage universel d'une main et de l'autre le Code Napoléon avec tous ses principes d'égalité sociale.

C'est la France qui, lors de la première conquête, imprima à l'Angleterre le symbole sous lequel elle a vécu, grandi, combattu durant des siècles : *Dieu et mon droit ;* et c'est de la France qu'elle reçut son organisation féodale, qui fit sa force au moyen âge, mais qu'elle ne sut point développer, dont elle ne sait point s'affranchir, et qui aujourd'hui ne sert plus à la défense, mais à l'oppression de son peuple. — C'est la France sans doute que la Providence destine à lui porter encore son second symbole et son organisation nouvelle.

Désormais, ce n'est plus le Ciel seulement que l'ouvrier anglais invoquera dans sa misère, il tournera ses yeux vers Cherbourg, cherchant dans les brumes de l'horizon la flotte libératrice.

Quel est le patriote anglais qui, dans le fond de l'âme, ne se réjouirait de voir s'accomplir en un jour toute cette masse de réformes dont ils ont tant de peine à obtenir une seule en trente années, et qui leur coûte tant de discours, tant d'articles de journaux , tant de pétitions et tant de meetings ?

C'est seulement quand l'Angleterre aura rejeté sa féodalité, que l'alliance entre l'Angleterre et la France sera complète. Jusque-là, il y aura des tiraillements forcés, puisque la France pousse les peuples en avant et que toujours l'Angleterre les retient dans le cercle du vieux monde, d'où elle n'a pu sortir elle-même.

C'est seulement alors que l'Angleterre saisira la portée de ces conseils que Napoléon dicta pour son fils :

« L'Europe marche vers une transformation inévitable : la retarder, c'est s'affaiblir par une lutte inutile; la favoriser, c'est se fortifier des espérances et des volontés de tous. — Il y a des désirs de nationalité qu'il faut satisfaire tôt ou tard, et c'est vers ce but qu'on doit marcher. »

Quand l'Angleterre le comprendra et voudra respecter les autres comme elle entend se faire respecter elle-même, et appliquer ce principe qu'une nation doit aimer les autres nations comme elle s'aime elle-même, alors elle trouvera dans la France durablement une alliée.

A chaque nation sa place. L'Angleterre, qui apprécie si bien la spécialité des individus dans un même peuple, doit en reconnaître de même la nécessité entre les nations. Chacun avoue que l'Italie a été longtemps la première nation artistique, que l'Allemagne est la nation métaphysicienne, que la Pologne est le seul peuple qui ait été constamment héroïque et chevaleresque. Que les Anglais soient les premiers marchands du monde, puisqu'ils mettent là leur orgueil et qu'ils y excellent : la France n'y contredit point. Mais qu'ils ne contestent plus à la France le haut rang moral qui lui appartient en raison de son sang versé pour le bonheur du monde, et qui a sa sanction dans ce fait qu'elle est la première puissance militaire.

Malheureusement il existe, de l'autre côté du détroit, des hommes d'État qui, au lieu de se pénétrer des nécessités d'une situation nouvelle, obéissent aux rancunes d'une haine routinière.

Ainsi, lorsqu'après les grands sacrifices qu'avait nécessités la guerre d'Orient, on en vint aux conditions de paix, l'Angleterre se laissa aller, vis-à-vis de la France, à une défiance sans motif. Parce que la France, dans sa magnanimité habituelle, évita d'humilier la Russie vaincue, l'Angleterre y vit à l'instant un projet d'entente dirigé contre elle-même, et elle se jeta dans les bras de l'Autriche ; car sa position insulaire ne lui permet pas de rester une seconde sans alliance. En se retirant de nous, elle eût pu, du moins, nous épargner l'injurieux soupçon d'un traité secret avec la Russie. La France est trop puissante pour sentir le besoin, si une alliance vient à lui manquer, de courir aussitôt après une autre : sa force propre lui suffit.

En faisant échouer l'union des Principautés Roumaines, l'Angleterre a compromis le résultat de la guerre d'Orient; en faisant aboutir les laborieuses Conférences de Paris à une restauration hospodarale en Moldo - Valachie, elle inflige à la politique occidentale un échec que la France reste seule chargée d'effacer. Mais « si le cabinet de Saint-James changeait d'avis sur une question pour laquelle on était tombé d'accord, du moins, ne fallait-il point, par une regrettable appréciation des choses, représenter à Londres le cabinet des Tuileries comme désertant l'alliance. » (*L'Empereur Napoléon III et l'Angleterre.*)

Les abus criants de la Compagnie des Indes, si souvent signalés devant le Parlement mais toujours impunis, ayant produit une formidable insurrection nationale, l'Angleterre s'est refusée à toute immixtion des puissances européennes dont l'action aurait amené une prompte pacification et l'établissement d'un nouvel ordre de choses profitable tout à la fois à l'Angleterre, à l'Europe et aux populations indigènes. Réduite à ses propres forces, l'Angleterre suppléa par le terrorisme à sa faiblesse, s'ingéniant à rivaliser de sauvagerie avec des hommes dont l'excuse se trouvait dans le patriotisme, dont les actes nous ont été sans doute transmis avec quelque exagération et que nous ne pouvons apprécier qu'imparfaitement par les seules correspondances anglaises. L'Angleterre, et elle s'en glorifie, a mis tout à feu et à sang : elle ne songe qu'à se venger. De telle sorte, qu'elle n'en sera pas moins chassée, mais que de plus les Indes seront perdues pour l'Europe, et pour des siècles peut-être, puisque les cruautés anglaises y auront souillé le nom européen. Dans le temps même où nous nous efforçons à Canton et au Petchili d'ouvrir la Chine à l'influence européenne, l'Europe, par la faute de l'Angleterre, se verra fermer les Indes.

Les consuls d'Angleterre et de France ont été récemment massacrés à Djeddah. Une satisfaction éclatante est promise aux pavillons de la France et de l'Angleterre ; mais il est pénible de voir que c'est l'Angleterre qui nous a attiré ce malheur. Le fait est constant, et toute la responsabilité lui en reste. En effet, le comte Malmesbury, en réponse aux interpellations de lord Stratford de Redcliffe, dans la séance du 19 juillet dernier, expliquait à la chambre des lords comment un navire indien, arrivé à Djeddah, s'était mis sous la protection du sultan, et avait arboré le drapeau ottoman ; mais que cet acte était illégal, puisque les Indiens, sujets de S. M. britannique, ne pouvaient changer de nationalité au détriment des liens d'obéissance qui les attachaient à la couronne d'Angleterre. Le drapeau ottoman fut amené ; et alors eut lieu le massacre de quelques Européens. Les Français, bien qu'étrangers à ce débat, furent confondus avec les Anglais en qualité d'Occidentaux. Nulle voix ne s'est élevée dans le Parlement pour reprocher aux agents de l'Angleterre cette inhumanité de n'avoir point permis que de malheureux Indiens retrouvassent la liberté au milieu de leurs coreligionnaires. On vit l'Angleterre, il y a quelques années, appuyer la Porte dans sa résistance à l'Autriche, qui réclamait les réfugiés hongrois et polonais ; Kossuth fut même accueilli avec un grand enthousiasme dans Londres. Ce que l'Angleterre trouvait bon que la Porte fît vis-à-vis de l'Autriche, l'Angleterre ne le souffre point vis-à-vis d'elle-même. Et elle a commis ce scandale, dont nous ne pouvons prévoir encore les conséquences, que des mahométans n'ont pu avoir de refuge dans une de leurs villes saintes.

L'Angleterre est dans une voie étroite et fausse. Au lieu de s'exposer à rompre la paix pour des questions injustes, pour Périm, par exemple, comme elle le fit pour Malte au commencement du siècle, et de chercher dans ce but de monstrueuses alliances, pour lesquelles il lui faut sacrifier sur le Danube l'intérêt de l'Occident, l'Angleterre ferait acte de sagesse, au contraire, en s'unissant à la France contre cet amalgame autrichien qui est le grand embarras européen, qui fait souffrir tous les peuples, qui est le supplice continu de la patriotique et malheureuse Italie, qui est tout l'opposé de l'Angleterre comme religion, comme gouvernement, et qui n'est jamais pour elle qu'une alliée d'occasion.

Ce serait un grand pas de fait pour la liberté de l'Europe.

Il y a déjà bien des années que celui qui gouverne à présent la France écrivait : « Nous désirons qu'une bonne intelligence règne entre les deux peuples les plus civilisés du globe ; mais à condition que les droits et la dignité de chacun auront été pesés avec les mêmes poids et dans la même balance, et que les hommes chargés de la haute mission d'accorder deux peuples rivaux n'auront d'autre but que le bonheur de la France et le développement de ses richesses agricoles, industrielles et commerciales ; développement qui n'a lieu que lorsqu'on suit une politique franche, énergique et nationale. »

L'Empereur Napoléon III a montré qu'il était en cela demeuré complétement fidèle à ce que pensait Louis-Napoléon. Il y a assurément entre les deux gouvernements de France et d'Angleterre un vouloir sincère de maintenir une cordiale entente. Mais le besoin en est-il senti au même degré chez les deux nations ? On a loyalement essayé de s'aimer de peuple à peuple. Y est-on parvenu ?

Cherbourg est une garantie de la modération des désirs de l'Angleterre. Et c'est ce qui fait espérer au gouvernement de l'Empereur que Cherbourg, c'est la paix.

La restauration impériale a été inaugurée par cette parole solennelle : l'*Empire, c'est la paix*. Six mois après, la guerre devenait forcée. Ni l'un ni l'autre des deux Empereurs, de France et de Russie, ne la voulaient, et pourtant la guerre a eu lieu. Les grands efforts que l'on fait de part et d'autre, pour prévenir toute collision entre la France et l'Angleterre, déjoueront-ils l'arrêt du destin ?

Il faudrait pour cela qu'un bien grand esprit de sagesse inspirât les ministres d'Angleterre. Peut-on l'espérer ?

Dans le même temps qu'il n'osaient refuser les fêtes de Cherbourg, ils s'essayaient à chercher dans de nouvelles fortifications de la citadelle d'Anvers, faites en hostilité contre nous, une sorte de contre-poids à Cherbourg. On lit, en effet, dans le journal ministériel, le *Press :* « Il ne faut pas qu'on oublie que la position d'Anvers donne des facilités plus grandes pour la défense que Bruxelles, si l'Angleterre et la Belgique se trouvent de nouveau unies sous les mêmes drapeaux. La possession d'Anvers tiendra toujours les communications ouvertes avec l'Angleterre, et au besoin la garnison pourrait être sauvée par là. » — Or, on ne devrait pas perdre de vue que tout ce qui tend à faire des provinces belges une préfecture anglaise, ne peut que compromettre gravement la situation de la Belgique sans servir l'Angleterre.

Le *Morning-Post*, en parlant de l'entrevue de Cherbourg ajoute : « Il n'y a pas d'autre but d'alliance que l'intérêt. L'alliance entre l'Angleterre et la France est une union de convenance, non d'affection. Si une complication européenne surgissait, dans laquelle les intérêts de l'Angleterre et de la France cesseraient d'être identiques, les mêmes escadres, qui se saluent en ce moment avec une sympathie si sincère, se bombarderaient avec toute l'énergie et tout le courage dont elles seraient capables. » — Or, quel fonds peut-on faire de l'amitié d'un allié qui nous dit : Dès que j'y aurai intérêt, je me séparerai de vous et m'unirai à vos ennemis. Ce sont là de mauvais sentiments et c'est un mauvais présage.

Et pourtant il y a en dehors de notre petite Europe tant de vastes pays qui attendent la civilisation moderne, magnifique champ ouvert à l'activité de l'Angleterre et à l'énergie de la France. Au lieu de ces lointaines et fécondes expéditions où l'Angleterre porterait ses machines et la France ses Codes, l'Angleterre voudra-t-elle tenter des aventures européennes pour prolonger de quelques jours peut-être, au centre de l'Europe, l'agonie d'un Empire dès longtemps malade, aujourd'hui condamné.

Nous avons assez de foi dans le bon sens du peuple anglais pour croire qu'il ne se laissera pas entraîner dans des entreprises qui ne lui pourraient être d'aucun profit, et dans un moment surtout où l'Angleterre est doublement épuisée par Sébastopol et par les Indes, où elle est sans soldats, où ses vaisseaux suffisent à peine aux transports d'Asie. Dans cet état de choses, comment se brouiller avec la France ; comment résister à un camp de Boulogne et comment survivre à un décret de Milan ou de Berlin ?

L'Angleterre voudrait-elle nous forcer à refaire la France de Napoléon ? Mais ce serait précipiter soi-même l'accomplissement de la prophétie de Sainte-Hélène : « Avec ma France, l'Angleterre devait forcément finir par n'en être qu'un appendice. La nature l'a faite une de nos îles aussi bien que celles d'Oleron et de la Corse. »

Ou au moins cette autre du lord vicomte Bolingbroke, en l'année 1732 :

« Si un grand homme venait à s'asseoir sur le trône de France, l'Angleterre tomberait et ne serait pas plus importante que l'île de Sardaigne dans le système européen. »

6 Août 1858.